A visual Guide to

Puffer fish Cuisine

눈으로 보는 **복어 조리**

전현근 · 윤옥희

㈜지구문화
JIGU CULTURE Co.Ltd

머리말

한 사람의 조리사로서 꼭 해보고 싶은 요리가 있다면 복어요리를 빼놓고 말하기 쉽지 않을 정도로 복어요리는 사람을 끄는 매력이 있습니다. '요리를 해 봐야겠다.'는 마음을 먹고 조리기능사를 취득하려 한다면, 가장 먼저 한식, 양식, 중식, 일식 조리를 먼저 배워 조리기능사를 취득하고, 마지막으로 도전하는 종목 또한 복어조리기능사일 정도로 복어는 어려우면서도 도전하고 싶은 욕구를 불러 일으킵니다. 특히 복어는 복어조리기능사 등 전문자격증을 갖춘 자만이 요리를 하여야 하며, 전문자격을 갖추지 않은 자가 요리한 복어를 먹고 식중독이 발생하는 경우도 있습니다.

복어를 전문적으로 배우지 않은 일반인이 동영상 등을 보고 손질을 하여 섭취하거나, 다른 생선과 오인하여 섭취하게 되는 경우 복어독으로 인한 식중독이 발생될 수 있습니다. 복어의 난소, 내장, 간 등에는 강력한 신경독소인 테트로도톡신(Tetrodotoxin)이 함유되어 있는데, 테트로도톡신은 무색, 무미, 무취의 신경독으로 섭취 후 감각 마비, 운동 마비, 언어 장애, 우울증, 호흡곤란, 혈압 저하 등으로 사망할 수도 있습니다.

따라서 복어조리는 처음부터 정확하게 익히고, 전문자격증을 취득한 후 조리하여야 하지만, 막상 시작하면 생각만큼 쉽지 않아 쉽게 포기하는 경우도 있고, 포기하지 않고 열심히 하더라도 힘들게 도전하는 경우를 어렵지 않게 보게 됩니다.

필자는 조리기능장으로 전문 요리학원을 운영하면서, 복어조리기능장, 복어조리산업기사, 복어조리기능사 수업을 수도 없이 진행하면서 어떻게 하면 쉽게 복어조리를 익힐 수 있을지 수많은 고민을 하여, [복어조리의 모든 것]과 같은 복어 관련 서적도 출간하였으나, 단순히 자격증을 떠나 복어조리의 원리를 이해하고 복어 손질법을 좀 더 쉽게 이해할 수 있는 방법을 알리고자 또다시 [눈으로 보는 복어조리]를 출간하게 되었습니다.

모든 배움이 마찬가지겠지만, 특히 복어는 처음에 배우는 것이 중요한 만큼 처음 복어를 접하는 조리사들이 처음부터 정확하게 복어조리를 익히는데 도움이 되기를 기대합니다.

갑진년 새 봄에

조리기능장 전 현 근

차례

Part Ⅲ 복어 기본조리

차례

Part Ⅳ 복어 요리

Part I

조리칼의 종류와 연마방법

1. 칼의 종류
2. 숫돌의 종류
3. 조리칼 연마방법
4. 칼 잡는 방법

Part Ⅰ

조리칼의 종류와 연마방법

일식조리, 그중에 특히 복어조리에 있어 칼은 무엇보다 중요하다고 할 수 있다. 잘 연마된 칼을 이용하여 복어를 깔끔하게 손질하고, 예리한 회칼을 이용하여 회를 뜨는 것은 복어조리의 또 다른 매력이라 할 수 있겠다. 복어조리에 사용하는 조리도는 반드시 숫돌을 이용하여 연마하도록 한다.

1. 칼의 종류

(1) 회칼-사시미보쵸(刺身包丁:さしみぼうちょう)

회칼은 생선회를 자를 때 사용하는 칼로, 다른 칼들에 비해 가늘고 긴 것이 특징이다. 예전에는 관동지방(關東地方)에서는 길게 사각 진 생선회 용도의 칼인 타코비키(蛸びき包丁)를 많이 사용하고, 관서지방(關西地方)에서는 칼끝이 뾰족한 버들잎 모양의 생선회 용도의 칼인 야나기보쵸(柳包丁)를 많이 사용했지만, 최근에는 대부분 야나기보쵸를 사용하는 추세이다. 칼날의 길이는 27~30㎝ 정도가 사용하기에 편리하다.

(2) 절단칼-데바보쵸(出刃包丁:でばぼうちょう)

절단칼은 생선을 손질하거나 포를 뜰 때 또는 굵은 뼈를 자를 때 사용하는 칼로, 일반적으로 사시미보쵸에 비해 칼등이 두껍고 무겁다.

(3) 채소칼-우스바보쵸(薄刃包丁:うすばぼうちょう)

채소칼은 주로 채소를 자르거나 무 등을 돌려 깎기 할 때 사용하는 칼로, 칼날이 얇기 때문에 뼈가 있거나 단단한 재료에는 사용하지 않는다. 관동식칼(關西式包丁)은 칼끝에 직각이고, 관서식칼(關東式包丁)은 칼끝이 둥그스름하다.

(4) 장어칼-우나기보쵸(鰻包丁:うなぎぼうちょう)

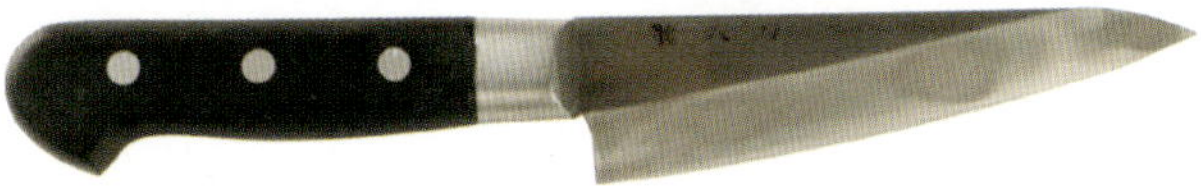

장어칼은 민물장어나 바다장어 등을 손질할 때 전용으로 사용한다. 장어칼은 칼끝이 45도 정도로 기울어져 있고 뾰족하여 장어 손질에 적합하도록 만들어졌다.

(5) 복어회칼-후구히키(ふぐひき)

일반 사시미보쵸와 비슷한 형태이나, 날 폭이 좁고 날 두께가 얇아 회를 얇게 뜨는데 최적화되어 있는 칼이다.

(6) 문어회칼-타코히키(蛸引き:たこひき)

관동형 사시미보쵸로 칼끝이 각이져 있으며, 일반적인 사시미보쵸 보다 날 폭이 좁고 날 두께가 얇다. 문어초회 등을 썰 때 주로 사용하며, 복어회칼로 판매하는 경우도 있음으로 주의하도록 한다.

2. 숫돌의 종류

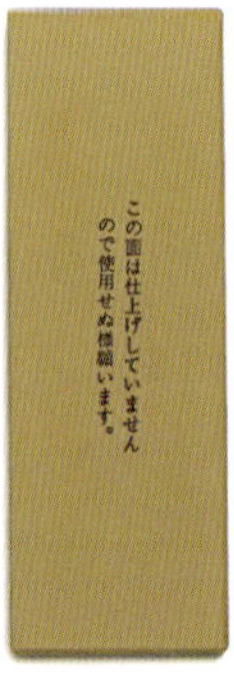

거친 숫돌	중간 숫돌	마무리 숫돌	숫돌 받침대

(1) 아라토이시(荒砥石:あらといし) : 거친 숫돌

초벌용 숫돌로 입도는 #120, #150, #180, #220, #320, #400, #500, #600 등이 있다. 칼이 이가 나가거나 끝을 갈아낼 때 사용하는 입자가 아주 거친 숫돌이다.

(2) 나카토이시(中荒石:なかといし) : 중간 숫돌

중벌용 숫돌로 입도는 #800, #1,000, #1,500, #2,000 등이 있다. 일반적으로 칼의 날을 세울 때 사용하며, 평상시 칼을 갈 때 보편적으로 사용하는 입자가 중간인 숫돌이다.

(3) 시아게도이시(仕上げ荒石:しあげといし) : 마무리 숫돌

마무리용 숫돌로 입도는 #3,000, #4,000, #5,000, #6,000, #8,000, #10,000, #12,000, #30,000 등이 있다. 중간 숫돌로 칼날을 세운 다음, 더욱 정교하게 날을 세우고자 할 때와 칼에 나있는 아주 작은 흠집 등을 깨끗이 제거할 때 사용한다.

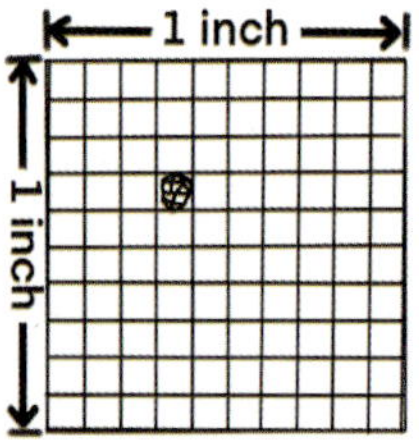

입도

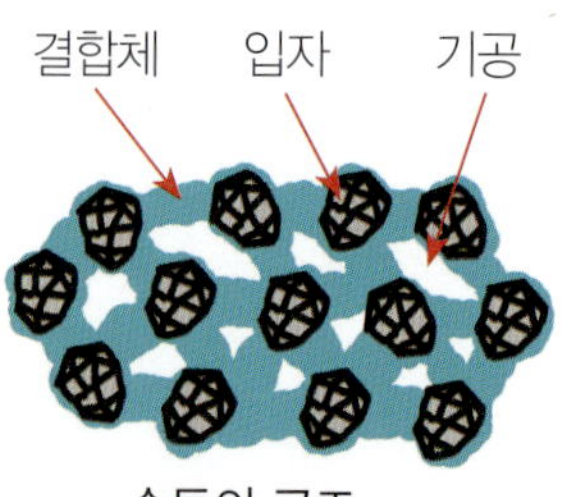

숫돌의 구조

입도 : 입도가 #100이라면 가로세로 1인치의 메시(mesh)안에 100개의 입자가 있는 것을 말한다.
따라서 숫자가 클수록 입자의 크기가 작고, 더 곱다.

3. 조리칼 연마방법

① 숫돌을 물에 잠기도록 담가 기포가 나오지 않을 때까지 20~30분간 담가놓는다.

② 숫돌을 받침대에 고정한다.

③ 칼 앞면 연마 : 칼의 날 부분을 먼저 갈아준다. 이때 오른손 엄지로 칼의 뒤쪽의 아랫부분을 눌러주고, 왼손 엄지는 칼 중간 부분의 아래쪽, 검지와 중지는 칼 끝 부분을 눌러준다. 이 상태에서 칼을 가볍게 밀고 가볍게 당겨주기를 반복한다. 카에리(칼을 갈 때 나오는 쇳물)가 나오면 칼이 갈리고 있는 것이다.

④ 칼 뒷면 연마 : 우라면(칼의 뒷면)은 면 전체를 숫돌에 밀착시키고 칼을 가볍게 당겨준다. 이때 우라(속날)는 날이 넘어간 것만 펴준다는 느낌으로 가볍게 몇 번만 갈아준다.

⑤ 연마가 끝나면 칼을 주방세제로 깨끗이 닦아준다.

⑥ 마른 행주 등으로 물기를 제거한다.

4. 칼 잡는 방법

(1) 쥐는 형(にぎりがた)

전악식이라고도 하는 가장 일반적으로 사용하는 방법으로, 엄지손가락과 집게손가락으로 칼자루 주둥이의 꼭지쇠와 칼 뿌리의 배 부분을 잡고 나머지 세 손가락으로 칼자루를 말아 쥐는 방법이다. 작업 시 칼이 흔들리지 않는다. 주로 재료를 연속해서 자르거나 단단한 재료를 자를 때 사용하는 쥐기 방법이다.

(2) 누르는 형(おさえがた)

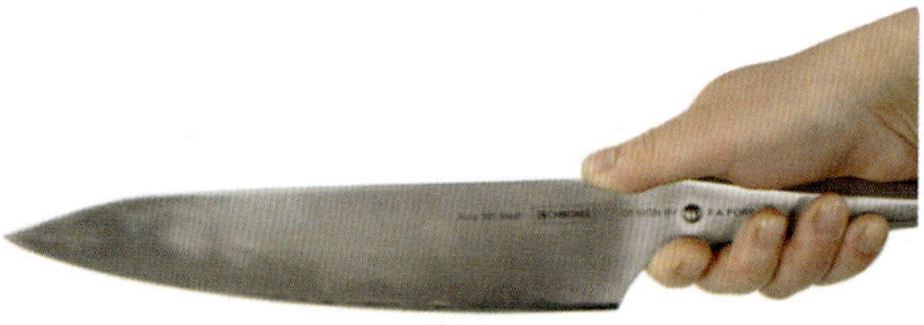

단도식이라고도 하는 방법으로 생선뼈나 단단한 재료를 자를 때 사용하는 방법이다. 엄지손가락이 칼등 위로 오게 잡고, 엄지손가락으로 칼등을 눌러주기 때문에 단단한 재료도 쉽게 자를 수 있다.

(3) 손가락질 형(ゆびさしがた)

지주식이라고도 하며, 전악식과 같은 방법으로 칼을 잡은 상태에서 집게손가락이 칼등 위에 오도록 잡는 방법이다. 회를 뜨거나 세밀한 작업을 할때 사용한다.

Part Ⅱ

복어의 이해

1. 복어의 독
2. 복어의 구조
3. 복어의 손질 방법

Part Ⅱ

복어의 이해

1. 복어의 독

(1) 테트로도톡신의 독성

Tetrodotoxin

복어독인 테트로도톡신(Tetrodotoxin)은 조개류에서 볼 수 있는 마비성 독과 같이 어패류의 독의 대표적인 것이며, 복어독을 연구하기 시작한 것은 1887년 다카하시 준타로 교수와 조교수 이노코 요시토가 함께 복어 독의 연구를 시작해 복어 독이 성어의 체내에 있는 것, 물에 녹기 쉬운 것 등으로부터, 그것이 단백질(효소) 같은 것이 아니라는 것을 증명하고 독력표를 만들었다. 1907년 타하라 료준이 분리에 성공한 복어 독을 테트로도톡신이라고 명명하였다.

그 후, 1950년 자주복의 난소에서 처음으로 결정상의 독소를 분리하였는데, 이 독소는 화학적으로 취급하기 곤란한 특이한 구조를 하고 있고, 천연물로서는 새로운 형을 가진 것으로 화학구조의 연구에 많은 애로를 겪었으나 1964년 4월에 각각 다른 유도체의 X선 회절에 의해서 구조가 결정되었다. 이때 최종적으로 발표된 분자식은 $C_{11}H_{17}N_3O_8$이다.

테트로도톡신의 결정은 물과 모든 유기용매에는 녹지 않으며, 산성인 물에는 녹으나 이것은 결정의 용해도를 말하며, 복어나 그 외 조직에서 테트로도톡신을 쉽게 물로서 추출할 수가 있다. 또한, 테트로도톡신은 열에 대하여는 매우 안정하여, 300℃에서도 분해되지 않으며, 중성 혹은 유기산 산성에서는 어느 정도 안정하지만, 알칼리성에서는 현저히 빠르게, 염산 산성에서는 점차적으로 독성이 없어진다.

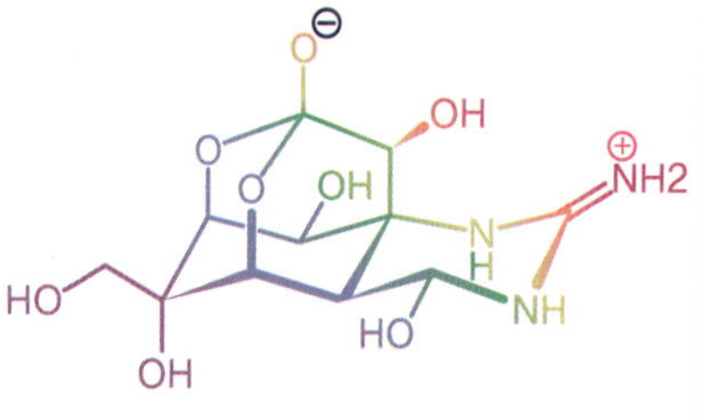

테트로도톡신의 구조

독을 가지고 있는 복어류는 참복과(Tetraodontidae)에 한정되어 있으며, 보통 식용으로 하는 것은 자주복, 참복, 까치복, 까칠복, 검복, 흰점복, 매리복, 졸복, 황복, 은밀복 등이 있다. 참복과 이외의 가시복이나 거북복 등은 독이 없다. 내장기관 중 난소와 간의 독성이 강하며, 독의 양도 많다. 테트로도톡신은 LD50(반수치사량)이 8.0~10.0μg/kg으로 사람의 최소 치사량은 2mg, 최소 중독양은 0.2mg이다. 난소와 간에 이어 독성이 높은 것은 피부와 창자이다.

피부는 일반적으로 색깔이 검정 또는 청록색인 것은 독이 없으며, 피부가 검은 자주복은 좋은 식품으로 이용되고 있다. 그러나 매리복이나 검복과 같이 피부가 적갈색인 것은 독성이 강한 경향이 있다. 또, 정소나 근육은 때로는 약한 독을 가지지만 전혀 독이 없는 것은 아니다. 근육이 유독한 것은 피부가 적갈색을 띤 것으로 이러한 종류는 내장의 독성도 강하다.

독량은 독력(MU/g) × 장기의 중량(g) = 독량(MU)으로 표시할 수 있으며, 독력이 강하면 소량을, 독력이 약하면 다량을 먹게 되면 중독된다(MU;mouse unit:1마우스유닛은 체중 20g의 쥐를 30분 이내에 죽이는 독량).

자주복 한 마리가 보유하고 있는 독력은 성인 33명의 생명을 빼앗을 수 있는 맹독을 지니고 있으며, 복어독의 사람에 대한 치사량은 10,000MU/g정도이이다.

또한 복어의 독은 계절에 따라 차이가 있는데, 산란기에 독성이 가장 강하고, 독성의 상승기이며, 유독 개체가 많아지면 독의 양도 많아진다. 또한, 복어독은 개체차가 심하여 동일한 어군, 동일한 어종의 개체 사이에서도 독성은 같지 않다. 예를 들면, 자주복의 간의 독성은 산란기라 할지라도 절반은 독이 없고, 독성이 있는 것 중에서도 약한 독을 가진 것과 강한 독을 가진 것이 있다.

복어독은 전형적인 신경독으로 증상이 심할수록 잠복기가 짧다. 잠복기는 30분~6시간 정도이다.

중독이 되면, 입술, 혀끝의 마비로부터 시작하여, 손가락에 마비가 오며, 이때 두통, 복통, 팔의 통증을 동반한다. 보행은 비틀거리게 되며, 심한 구토가 계속되지만 구토를 하지 않는 경우도 있다.

구토가 없으면 일반적으로 경과가 좋지 않으며, 구토를 한 후에는 곧 운동 불능 상태로 되어 눕게 된다. 따라서 지각마비, 언어장애, 호흡곤란, 혈압강하 등이 현저해지며, 결국에는 몸 전체에 완전한 운동 마비현상이 나타나고, 지각도 마비된다.

의식이 없어지면, 호흡이 정지되고 심장은 호흡 정지 후에도 얼마 동안은 박동을 계속하지만, 결국 정지하게 된다. 중독의 치료로는 호흡억제에 대한 인공호흡이나 소생제, 승압제의 투여 등이 있으나 특효약은 없다.

표 1-1 복어독 중독 증상

구분	중독증상
1단계	20분~3시간 내에 입술, 혀끝, 손끝이 저리고 두통, 복통, 구토
2단계	불완전 운동마비의 상태가 되어 지각마비, 언어장애, 혈압이 떨어짐
3단계	완전 운동마비 상태로 운동 불능의 상태인 호흡곤란이 나타남
4단계	전신마비가 보이면서 의식을 잃고, 호흡과 심장박동이 정지함

(2) 테트로도톡신(TTX)의 기능

1985년 전중균은 복어의 독은 TTX를 보유하고 있는 동물의 장내 세균에 의해 만들어 진다는 것을 확인하였고, 자연계에서 TTX를 만드는 세균이나, 먹이를 통해 얻어진 TTX를 체내에 농축하는 것으로 알려져 있다. 양식으로 키운 복어는 TTX를 섭취하기 어렵기 때문에 독이 없는 복어가 될 수 있다. TTX를 보유하지 않은 일반 어류는 TTX를 후각 또는 미각으로 인식하고 기피하지만 복어류는 TTX를 인식하고 유인된다고 한다.

마쓰무라 겐도는 성숙한 복섬 수컷이 매우 낮은 농도의 TTX에 유인되는 것을 확인하였고, 수정을 위해 암컷이 배란한 알에 들어 있는 TTX에 수컷이 유인되기 때문이다. 또 자극을 받으면 TTX를 방출해 TTX를 보유하지 않은 일반 어류가 복어를 기피하게 하여 자기 방어수단으로 사용하기도 한다.

무독한 양식복어에게 TTX를 섞은 사료를 먹이면 면역기능이 활성화 된다는 것도 발견하였으며, 양식으로 사육한 복어는 스트레스를 많이 받아 서로 물어뜯기도 한다. 이는 있어야할 TTX가 없어서 일수도 있다고 하였다. 이렇듯 복어에게는 중요한 테트로도톡신(TTX)이지만 우리에게는 복어를 손질함에 있어 항상 조심해야 할 대상이다.

2. 복어의 구조

복어의 몸은 타원형이고 비늘이 없고 지느러미와 입은 작은 편이다. 복어의 특징은 몸의 표면에 작은 가시를 가지고 있다는 것이며, 가시가 전혀 없는 종도 있다. 이 작은 가시는 비늘이 변화하여 생긴 것이다. 골격도 다른 어류는 내부 장기를 보호하기 위해 복부에 갈비뼈가 있지만, 복어는 없다. 또한 입이 작은 것에 배해 이빨은 매우 강하고 날카롭다. 이 강한 이빨로 새우, 게, 소라, 불가사리, 정어리, 고등어 등 다양한 어패류를 먹을 수 있다.

1. 복어 해부도

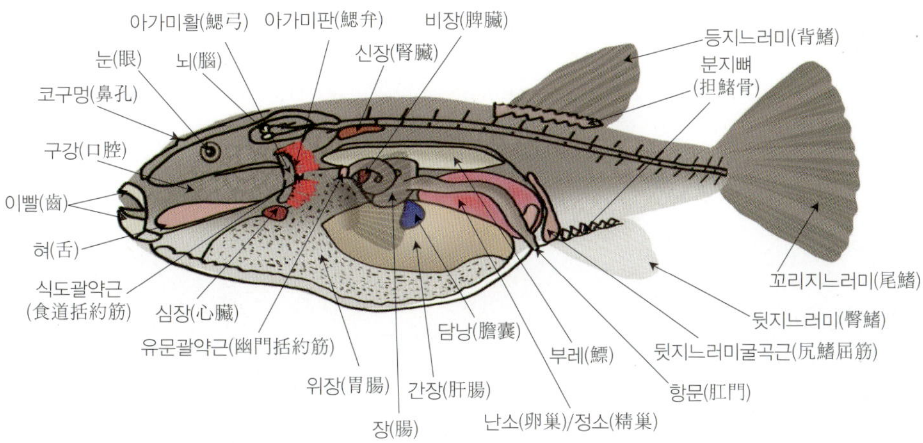

① **새궁**(鰓弓, 아가미활) : 물고기의 아가미 안에 있는 작은 활 모양의 뼈, 아가미를 지탱하고 보호하는 구실을 한다.

② **새변**(鰓弁, 아가미판) : 아가미는 가늘고 긴 빗살 같은 잎 모양의 표피가 모여 만들어졌는데, 그 하나하나를 아가미판(鰓弁)이라고 한다.

③ **유문**(幽門) : 위 말단부 심이지장에 연이은 부분

④ **단세골**(担鰭骨) : 분지 뼈, 지느러미 바닥의 뼈 블록

⑤ **고기굴근**(尻鰭屈筋) : 뒷지느러미의 기저부에는 뒷지느러미 근육과 꼬리 쪽에 굴곡근이라는 근육이 발달하여, 뒷지느러미를 움직여, 추진력을 생성하고 방향을 바꾸는 데 사용한다.

2. 복어 내장

(1) 복어의 내장 분리(난소)

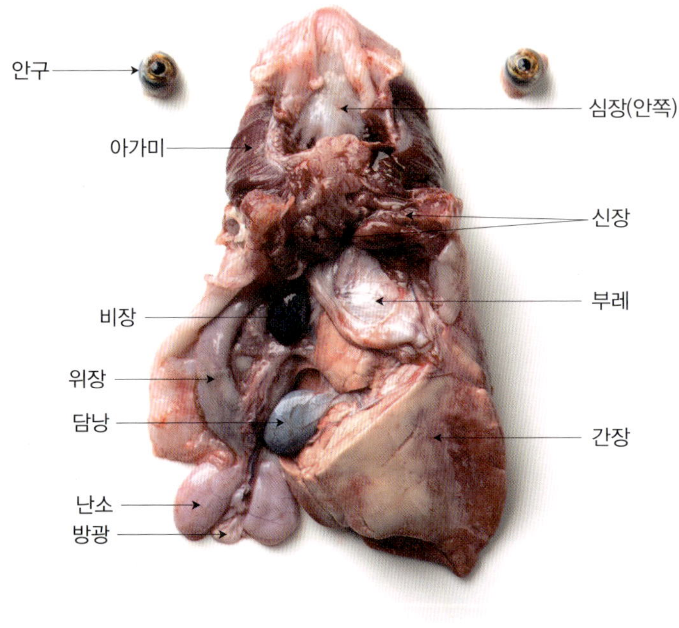

(2) 복어의 내장 분리(정소)

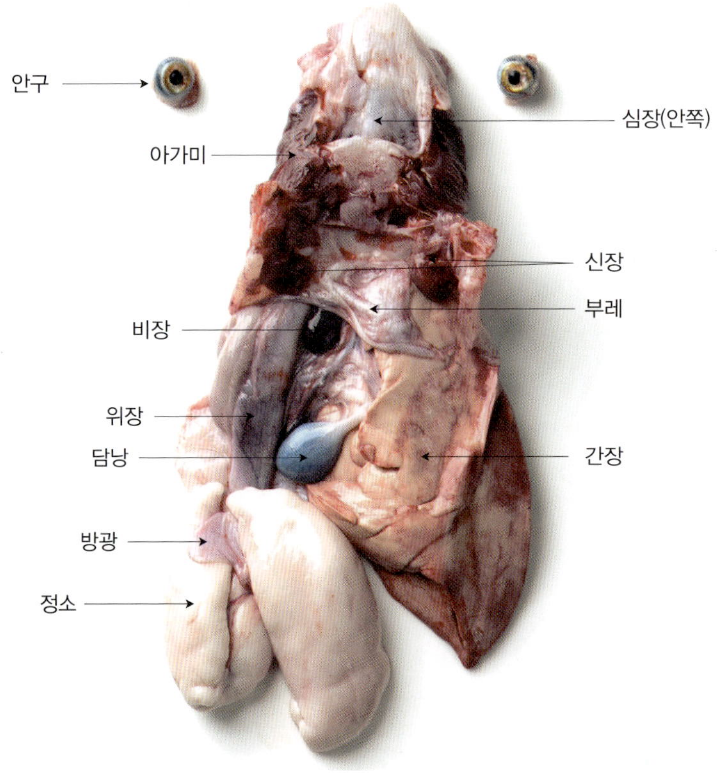

(3) 복어의 내장 분리(난소)

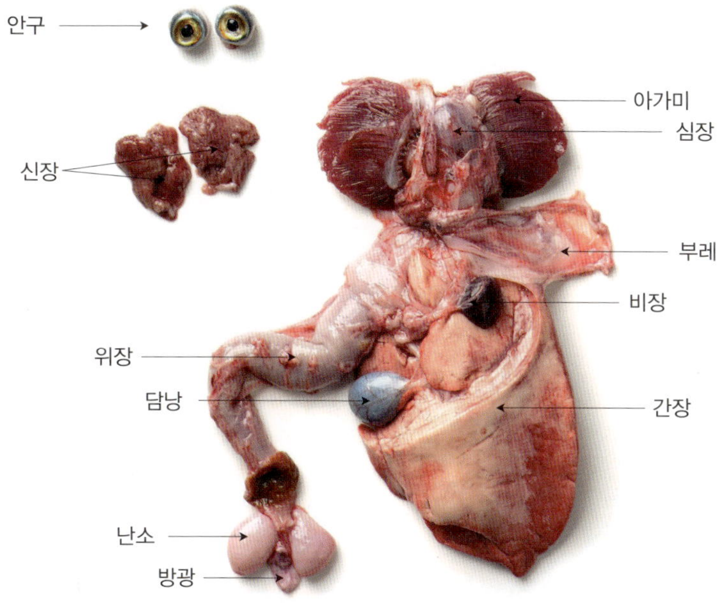

(4) 복어의 내장 분리(정소)

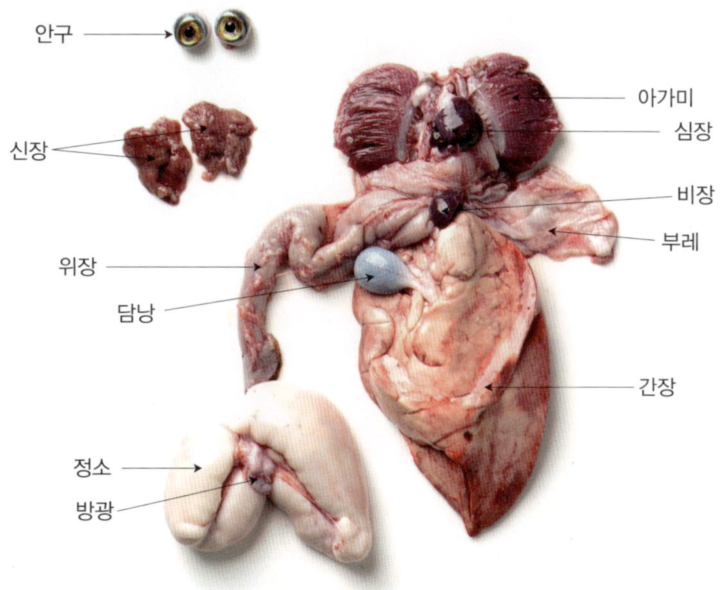

(5) 복어의 내장 분리

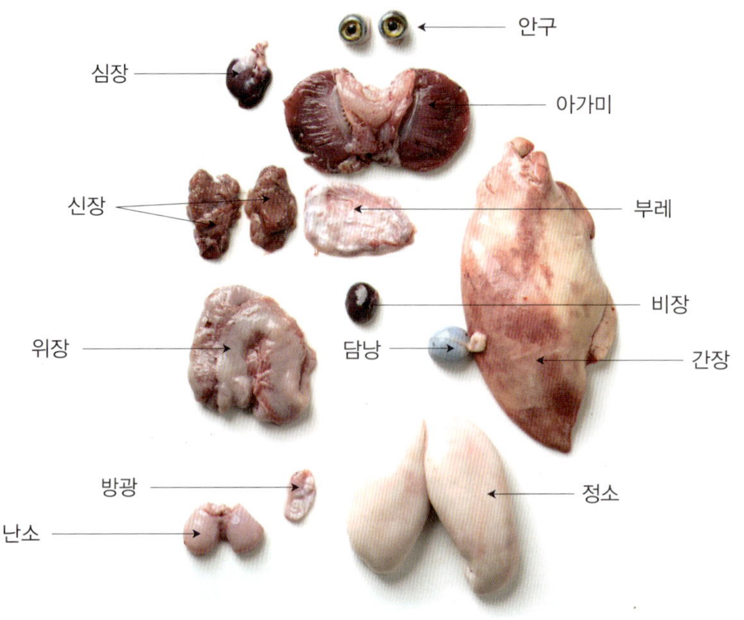

(6) 복어 조리기능사(부위별 감별)

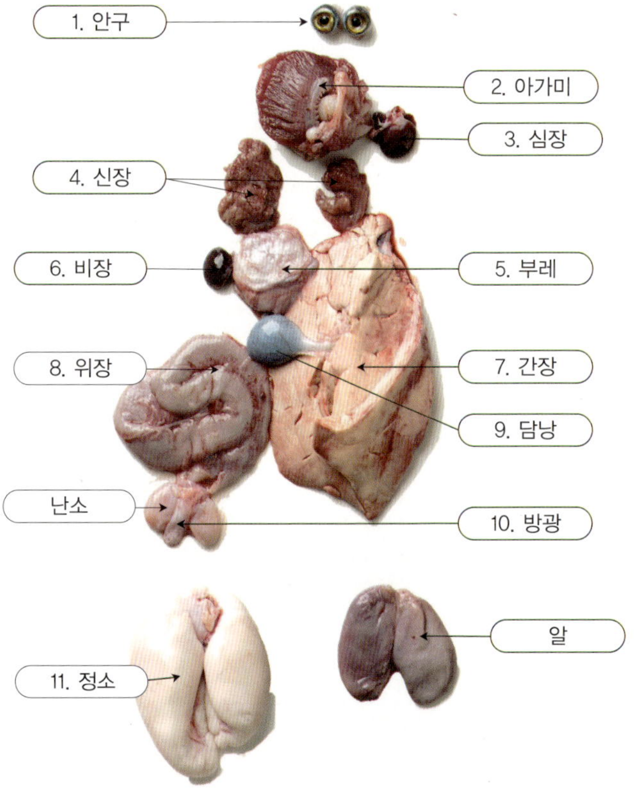

3. 복어의 종류 및 수입 조건

복어는 전 세계적으로 약 120여종이 있는 것으로 알려져 있으며, 복어는 테트로도톡신이라는 강한 독을 가지고 있는 어류로 식용(수입) 가능한 종은 21종으로 제한하고 있다.

(1) 복어 수입 조건

① 「식품의 기준 및 규격」(제2.3.16)에 따르면 복어는 식용 가능한 복어의 종류만 수입이 가능하며 검사방법은 별표 8에 따른다.

② 수입수산물 검사에 관한 규정(시행 2021.12.31. 식품의약품안전처고시 제 2021-118호)의 [별표 8] 복어의 검사방법(제11조제3항 관련)의 복어의 검사방법

복어의 검사방법(제11조제3항 관련)

1. 복어는 다음의 검사방법에 따라 처리한다.
   가. 처리하지 아니한 원형의 것이거나 복어의 종류를 쉽게 알 수 있도록 단순히 내장, 아가미, 눈을 제거한 것에 한하여 검사를 집행한다(단, 내장제거 시 배 부위는 형태적 특징을 확인할 수 있어야 한다.).
   나. 제1호에 따른 부위 이외에 다른 부위가 제거되어 복어의 형태적 특징 확인이 불가한 경우 수입신고서를 반려한다.
   다. 수입이 인정되는 복어는 복어독 검사를 실시하여야 한다. 동해 · 발해 · 황해 및 동중국해 해역에서 어획되었다는 수출국 정부기관의 원산지증명서 또는 합작어획물로 현지 공관장의 확인서(복어의 종류(학명), 어획 해역명을 확인한 증명서 또는 확인서에 한함)를 첨부한 경우에는 복어독 검사를 면제할 수 있다. 단, 이 경우에도 최초정밀검사, 시행규칙 별표 10 제2호 나목(식약처장은 수출입수산물검사 품종분류코드 등록절차에 따라 신규등록 여부를 판단하여 신규등록이 필요한 경우 전산시스템에 입력하고, 해당 지방청장에게 전산시스템 어종정보에 신규품종의 검사 착안사항 및 사진 등 영상자료를 등록하도록 통보한다.)에 해당하는 정밀검사, 복어독 위해정보에 따른 정밀검사 및 무작위표본검사 시에는 복어독 검사를 실시해야 한다.

(2) 수입가능 복어 21종의 특징

참복속(Genus Takifugu)

① 복섬(Takifugu niphobles)

- 분류 : 복어목(Tetraodontiformes) 참복과(Tetraodontidae) 참복속(Takifugu)
- 학명 : *Takifugu niphobles*
- 영명 : Grass puffer
- 일명 : 草河豚(クサフグ)
- 중국명 : 星占东方河魨, 日本河魨
- 방언 : 쫄복, 풀복어, 복쟁이, 복섬(울릉도), 졸복(남해안)
- 분포 : 우리나라의 동해, 서해, 남해, 동중국해, 대만, 북해도를 제외한 일본의 전 연안

② 흰점복(Takifugu poecilonotus)

- 분류 : 복어목(Tetraodontiformes) 참복과(Tetraodontidae) 참복속(Takifugu)
- 학명 : *Takifugu poecilonotus*
- 영명 : Fine patterned puffer
- 일명 : コモンフグ
- 중국명 : 班占东方鲀, 小紋河鲀
- 방언 : 흰점복(충남), 잔무늬복어, 그물복
- 분포 : 우리나라의 연안, 일본의 북해도 이남, 동중국해 및 말레이제도까지의 얕은 바다

③ 졸복(Takifugu pardalis)

- 분류 : 복어목(Tetraodontiformes) 참복과(Tetraodontidae) 참복속(Takifugu)
- 학명 : *Takifugu pardalis*
- 영명 : Panther puffer
- 일명 : 彼岸河豚(ヒガンフグ)
- 중국명 : 豹紋东方鲀
- 방언 : 졸복(부산), 밀복(여수), 노랑복(여수), 피안복
- 분포 : 우리나라의 동해, 서해, 남해, 동중국해 및 북해도 이남의 일본, 조류가 있는 곳이나 암초지대

④ 매리복(Takifugu snyderi)

- 분류 : 복어목(Tetraodontiformes) 참복과(Tetraodontidae) 참복속(Takifugu)
- 학명 : *Takifugu snyderi*
- 영명 : Vermiculated puffer
- 일명 : ショワサイフグ
- 중국명 : 潮陣东方魨, 蟲紋圓魨
- 방언 : 상재복, 매끈다리복, 매리복(평북)
- 분포 : 우리나라 남해안과 제주도, 일본 동북지방에서 큐슈연안, 특히 서 일본에 많이 분포

⑤ 검복(Takifugu porphyerus)

- 분류 : 복어목(Tetraodontiformes) 참복과(Tetraodontidae) 참복속(Takifugu)
- 학명 : *Takifugu porphyreus*
- 영명 : Geuin puffer, Purple puffer
- 일명 : 真河豚(マフグ)
- 중국명 : 紫色东方鲀
- 방언 : 검복(통영, 흑산도), 봉장어, 복쟁이, 복어, 참복(경남, 전남), 밀복(동해안)
- 분포 : 우리나라의 동해와 남해, 동중국해, 일본의 북해도 이남의 태평양, 사할린 이남의 동해와 남해

⑥ 자주복(Takifugu rubripes)

- 분류 : 복어목(Tetraodontiformes) 참복과(Tetraodontidae) 참복속(Takifugu)
- 학명 : *Takifugu rubripes*
- 영명 : Ocellate puffer, Tiger puffer
- 일명 : 虎河豚(トラフグ)
- 중국명 : 红鳍东方鲀
- 방언 : 자지복(동해안), 점복(여수), 참복(부산), 가지복(동해안)
- 분포 : 우리나라의 동해, 서해, 남해, 일본 홋카이도 이남, 동중국해, 블라디보스톡까지 분포

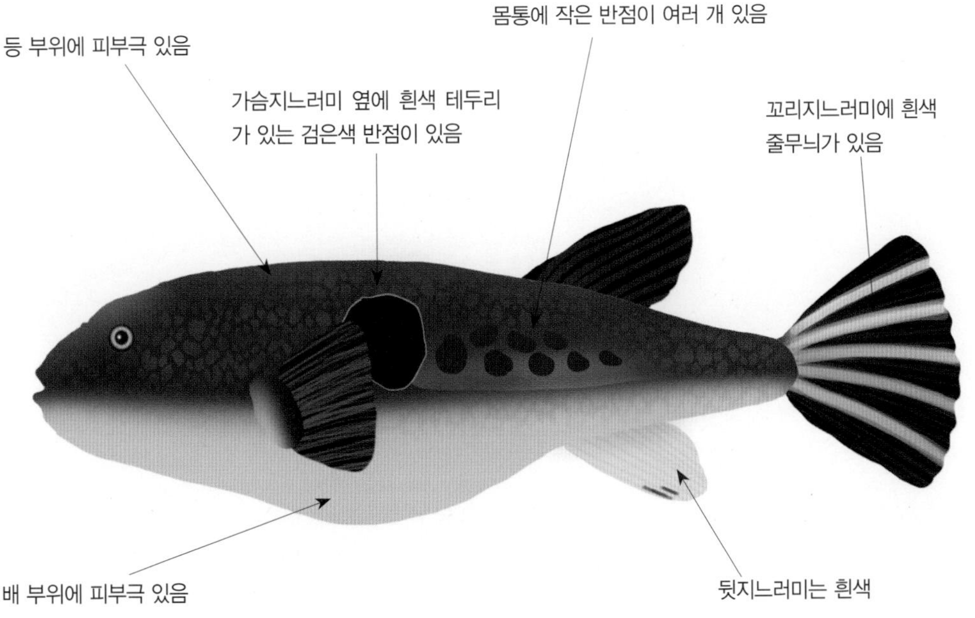

⑦ 참복(Takifugu chinensis)

- 분류 : 복어목(Tetraodontiformes) 참복과(Tetraodontidae) 참복속(Takifugu)
- 학명 : *Takifugu chinensis*
- 영명 : Eyespot puffer
- 일명 : カラス
- 중국명 : 假睛东方鲀 中國河豚
- 방언 : 까마귀복, 검자주복, 혼복
- 분포 : 우리나라의 동해, 서해, 남해, 동중국해, 일본 서부 연안

⑧ 까치복(Takifugu xanthopterus)

- 분류 : 복어목(Tetraodontiformes) 참복과(Tetraodontidae) 참복속(Takifugu)
- 학명 : Takifugu xanthopterus
- 영명 : Striped puffer, Yellowfin puffer
- 일명 : 縞河豚(シマフグ)
- 중국명 : 黃鰭东方鲀 綠圓鲀
- 방언 : 까치복(평북), 줄무늬복
- 분포 : 우리나라의 동해, 서해, 남해, 동중국해, 일본 중부 이남, 중국의 해주만

⑨ 까칠복(Takifugu stictonotus)

- 분류 : 복어목(Tetraodontiformes) 참복과(Tetraodontidae) 참복속(Takifugu)
- 학명 : *Takifugu stictonotus*
- 영명 : Spottyback puffer
- 일명 : 胡麻河豚(ゴマフグ)
- 중국명 : 密点东方鲀
- 방언 : 까칠복(흑산도), 청복(부산), 깨복
- 분포 : 우리나라의 동해안, 일본 북해도 이남의 동서연안, 동중국해, 남중국해

⑩ **황복**(Takifugu obscurus)

- 분류 : 복어목(Tetraodontiformes) 참복과(Tetraodontidae) 참복속(Takifugu)
- 학명 : *Takifugu obscurus*
- 영명 : River puffer
- 일명 : メフグ
- 중국명 : 暗紋东方鲀
- 방언 : 황복(신의주), 보가지(평양, 의주), 복 · 감복 · 검복(충남), 눈복
- 분포 : 우리나라의 금강, 한강, 임진강, 동중국해와 남중국해, 성해안 강의 중 · 하류와 바다

* 황복은 일반 복과 달리 회귀성 어류로 바다에서 2~3년간 25~30cm로 자란 뒤 4월 중순~6월 중순 알을 낳기 위해 강으로 돌아온다. 중국에서는 복어를 강에서 먹을 수 있는 돼지고기라고 하여 하돈(河豚)이라고 하는데, 이는 황복의 특성에서 기인한다고 할 수 있다.

⑪ 눈볼개복(Takifugu chrysops)

- 분류 : 복어목(Tetraodontiformes) 참복과(Tetraodontidae) 참복속(Takifugu)
- 학명 : *Takifugu chrysops*
- 영명 : Red-eyed puffer, Redcye puffer
- 일명 : 赤目河豚(アカメフグ)
- 중국명 : 痣班东方鲀
- 방언 : 붉은 눈복
- 분포 : 일본 남부의 태평양 연안, 우리나라 남해안에 드물게 출현

⑫ 황점복(Takifugu flavidus)

- 분류 : 복어목(Tetraodontiformes) 참복과(Tetraodontidae) 참복속(Takifugu)
- 학명 : *Takifugu flavidus*
- 영명 : Towny puffer
- 일명 : サンサイフグ
- 중국명 : 菊黃东方鲀
- 방언 : 삼색복, 삼채복
- 분포 : 우리나라의 서해에 풍부, 발해, 동중국해의 북부, 남중국해 연안

밀복속(Genus Lagocephalus)

① 은밀복(Lagocephalus wheeleri)

- 분류 : 복어목(Tetraodontiformes) 참복과(Tetraodontidae) 밀복속(Lagocephalus)
- 학명 : *Lagocephalus wheeleri*
- 영명 : Blowfish, Pufferfish, Brown-backed toadfish, Swellfish
- 일명 : シロサバフグ
- 중국명 : 棕班腹刺魨, 棕腹刺魨
- 방언 : 은복(전남), 흰밀복, 흰고등어복
- 분포 : 우리나라의 남해, 서해, 중국, 일본, 인도, 동중국해 및 대만 등

② 흑밀복(Lagocephalus gloveri)

- 분류 : 복어목(Tetraodontiformes) 참복과(Tetraodontidae) 밀복속(Lagocephalus)
- 학명 : *Lagocephalus gloveri, Lagocephalus cheesemanii*
- 영명 : Brown-backed toadfish, Swellfish
- 일명 : クロサバフグ
- 중국명 : 暗鰭腹刺魨
- 방언 : 밀복(부산), 은복(경남 · 경북), 검은밀복, 검은고등어복
- 분포 : 우리나라의 남해, 일본 홋카이도 이남, 대만, 필리핀, 인도양, 남중국해 및 동중국해

③ 민밀복(Lagocephalus lunaris)

- 분류 : 복어목(Tetraodontiformes) 참복과(Tetraodontidae) 밀복속(Lagocephalus)
- 학명 : *Lagocephalus inermis*
- 영명 : Smooth-backed blowfish, Unarmed blaasop
- 일명 : カナフグ
- 중국명 : 黑鰭兔头鲀
- 방언 : 금밀복
- 분포 : 인도 태평양의 천해와 원양, 남일본, 대만, 필리핀, 인도양, 남중국해 및 동중국해

불룩복속(Genus Sphoeroides)

① 불룩복(Sphoeroides pachygaster)

- 분류 : 복어목(Tetraodontiformes) 참복과(Tetraodontidae) 불룩복속(Sphoeroides)
- 학명 : *Sphoeroides pachygaster*
- 영명 : Slackskinned puffer
- 일명 : ヨリトフグ
- 중국명 : 密淘魨, 皺紋河魨
- 방언 : 물밀복, 껍질복, 물복, 가죽복
- 분포 : 우리나라의 동해와 남해, 일본 남부, 대서양의 유럽과 아프리카, 인도양과 태평양

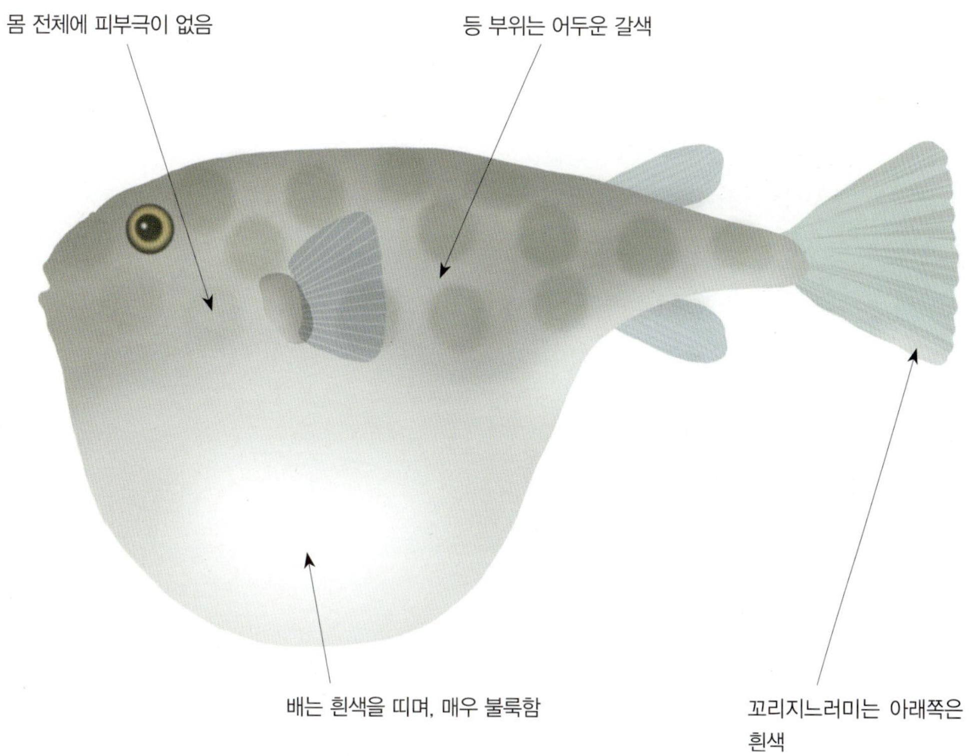

가시복속(Genus Diodon)

① 가시복(Diodon holocanthus)

- 분류 : 복어목(Tetraodontiformes) 가시복과(Diodontidae), 가시복속(Diodon)
- 학명 : *Diodon holocanthus*
- 영명 : Ballon porcupinefish, Balloonfish, Spiny puffer
- 일명 : ハリセボン
- 중국명 : 六班刺魨
- 방언 : 가시복(경기), 춤복(통영 봉암도)
- 분포 : 우리나라의 남해와 제주도, 일본과 하와이, 세계의 열대와 온대 해역

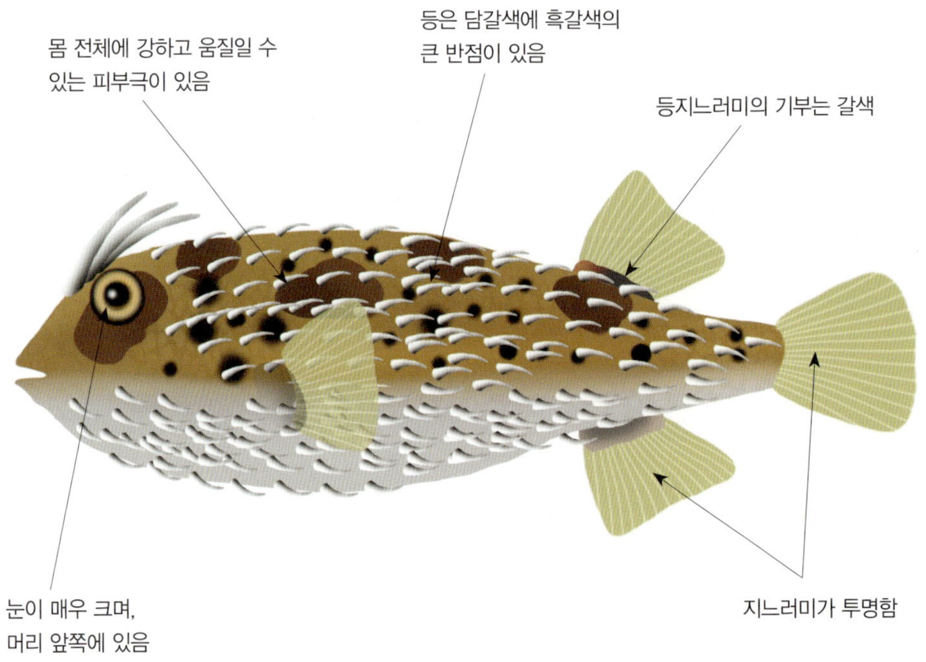

② 리투로가시복(Diodon liturosus)

- 분류 : 복어목(Tetraodontiformes) 가시복과(Diodontidae), 가시복속(Diodon)
- 학명 : *Diodon liturosus*
- 영명 : Bleeker's porcupinefish
- 일명 : ヒトヅラハリセボン
- 중국명 : 布氏刺魨
- 방언 :
- 분포 : 오키나와 이남과 인도양, 남부 대서양, 중 · 서부 태평양

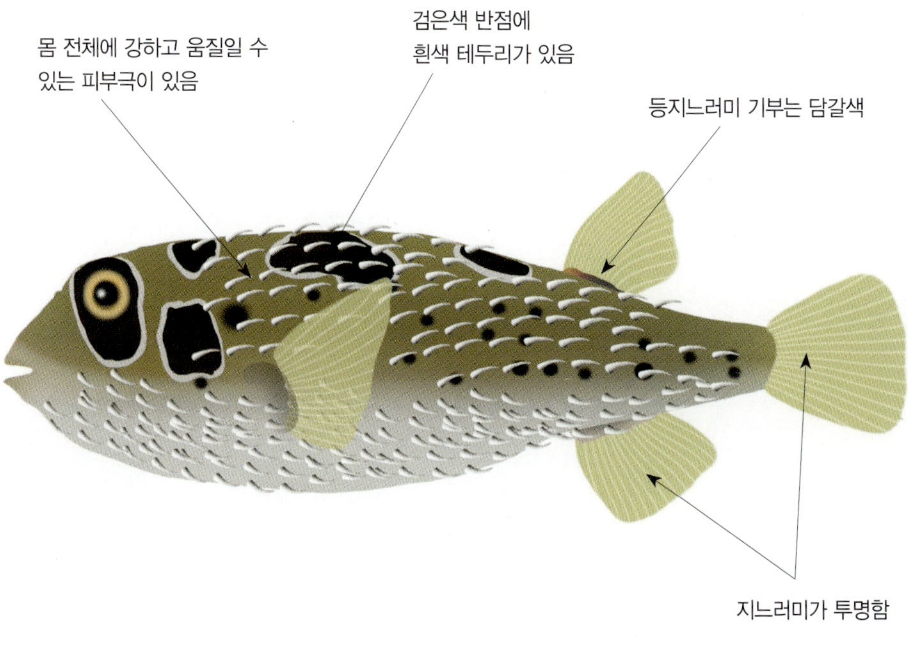

③ 잔점박이가시복(Diodon hystrix)

- 분류 : 복어목(Tetraodontiformes) 가시복과(Diodontidae), 가시복속(Diodon)
- 학명 : *Diodon hystrix*
- 영명 : Common porcupinefish, Spotted porcupinefish
- 일명 : ネズミフグ
- 중국명 : 密斑二齿鲀, 密斑刺鲀
- 방언 :
- 분포 : 우리나라의 제주도 연안, 태평양과 대서양 인도양의 열대 해역, 일본 오키나와, 전세계의 열대 해역

강담복속(Genus Chilomycterus)

① 강담복(Chilomycterus reticulatus)

- 분류 : 복어목(Tetraodontiformes) 가시복과(Diodontidae), 강담복속(Chilomycterus)
- 학명 : *Chilomycterus reticulatus*
- 영명 : Pacific burrfish
- 일명 : イシガキフグ
- 중국명 : 斑鰭短刺鲀, 网纹短刺鲀
- 방언 :
- 분포 : 우리나라의 남해와 제주도, 일본 아오모리 이남, 세계의 온대와 열대 해역

거북복속(Genus Ostracion)

① 거북복(Ostracion immaculatus)

- 분류 : 복어목(Tetraodontiformes) 가시복과(Diodontidae), 거북복속(Ostracion)
- 학명 : *Ostracion immaculatus*
- 영명 : Boxfish, Coffinfish, Trunkfish
- 일명 : 箱河豚(ハコフグ)
- 중국명 : 粒突箱鲀
- 방언 : 거북복(전남), 상자복
- 분포 : 우리나라의 남해와 동해, 일본 중부 이남, 타이완, 필리핀, 동인도, 남아프리카

3. 복어의 손질 방법

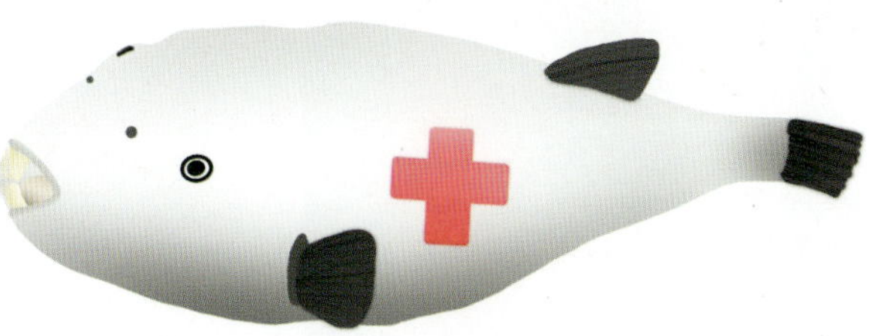

하돈에는 "성온(性溫) 미감(味甘)하다. 허(虛)를 보(補)하고 습(濕)을 없애며 요각(腰脚)을 조리하고 치충(痔蟲)을 죽인다."

동의보감(東醫寶鑑)

복어는 성질은 따뜻하고, 맛은 달다. 기력을 증강시키고, 몸에 쌓인 노폐물을 없애며, 허리와 다리의 병을 다스린다. 치질을 치료하고, 벌레(충)를 죽인다.

1. 복어의 손질

① 등지느러미를 자른다.

② 배지느러미를 자른다.

③ 머리 옆쪽의 가슴지느러미를 자른다.

④ 반대 쪽 머리 옆쪽의 가슴지느러미를 자른다.

⑤ 콧구멍 있는 자리의 머리 윗부분을 데바칼 칼끝이 45도 정도 아래로 향하도록 밀어 입을 자른다.

⑥ 칼을 당겨 입 위쪽을 전체적으로 자르고, 칼끝으로 혀 옆쪽을 자른다.

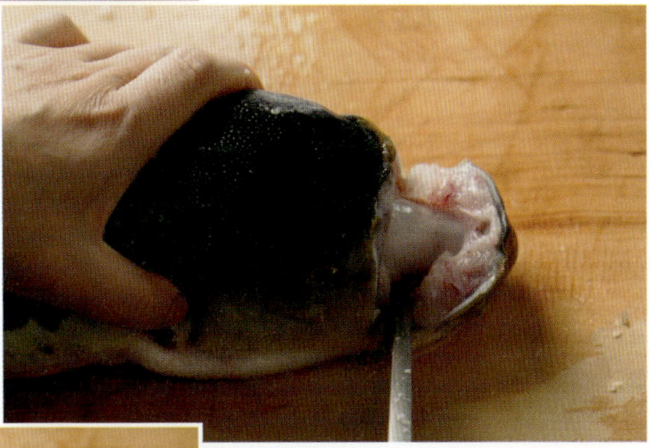

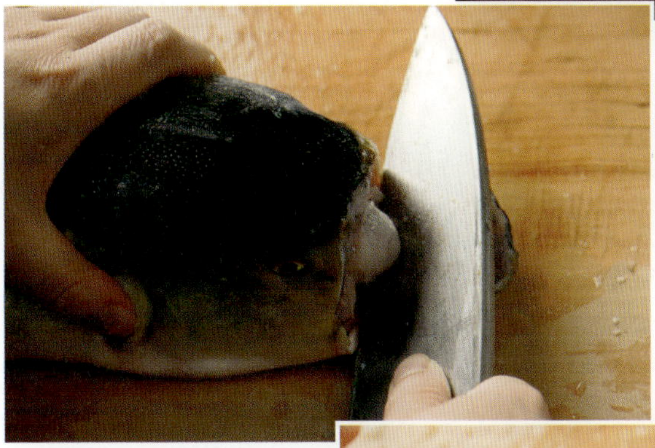

⑦ 입을 젖혀 혀 아래쪽에 칼을 밀어 넣는다.

⑧ 혀 아래부분의 껍질을 잘라 입을 분리한다. 이때 칼을 입 쪽으로 붙여 입 쪽에 배쪽 가시가 있는 껍질이 붙지 않도록 한다.

⑨ 왼손으로 머리 아래쪽 껍질을 잡고, 머리 옆쪽 껍질을 자른다.

⑩ 데바칼을 비스듬히 뒤집어 지느러미 자른 자리부터 칼을 집어 넣는다.

⑪ 칼을 비스듬히 유지한 채로 칼을 계속 밀어 넣는다.

⑫ 꼬리지느러미까지 밀어서 자른다.

⑬ 왼손으로 반대편 머리 아래쪽 껍질을 잡고, 머리 옆쪽 껍질을 자른다.

⑭ 데바칼을 비스듬히 뒤집어 지느러미 자른 자리부터 칼을 집어 넣는다.

⑮ 칼을 비스듬히 유지한 채로 칼을 계속 밀어 넣는다.

⑯ 꼬리지느러미까지 밀어서 자른다.

⑰ 등쪽부터 왼손으로 꼬리 쪽 껍질을 잡고, 칼을 넣는다.

⑱ 칼을 앞으로 밀어 넣어 껍질이 잘리도록 한다.

⑲ 껍질을 잡고, 칼로 저며 주면서 당긴다.

⑳ 꼬리지느러미뼈가 만져지지 않는 곳까지 저민 후 잡아당겨 껍질을 벗긴다.

㉑ 배가 위로 오도록 뒤집어 왼손으로 꼬리 쪽 껍질을 잡고, 칼을 넣는다.

㉒ 칼을 앞으로 밀어 넣어 껍질이 잘리도록 한다.

㉓ 껍질을 잡고, 칼로 저며 주면서 당긴다.

㉔ 항문과 연결된 내장이 잘리도록 항문 있는 곳까지 저민 후 잡아 당겨 껍질을 벗긴다.

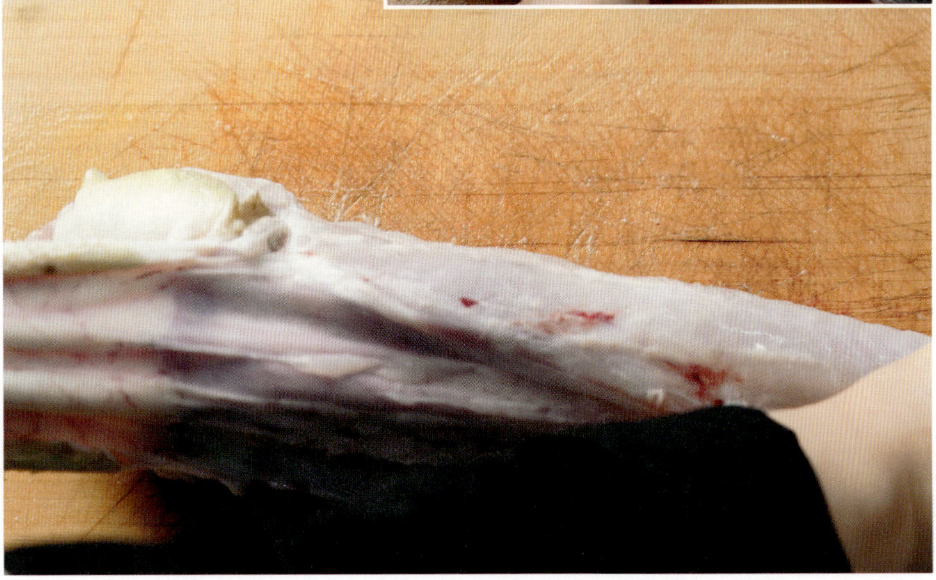

2. 복어의 손질(내장)

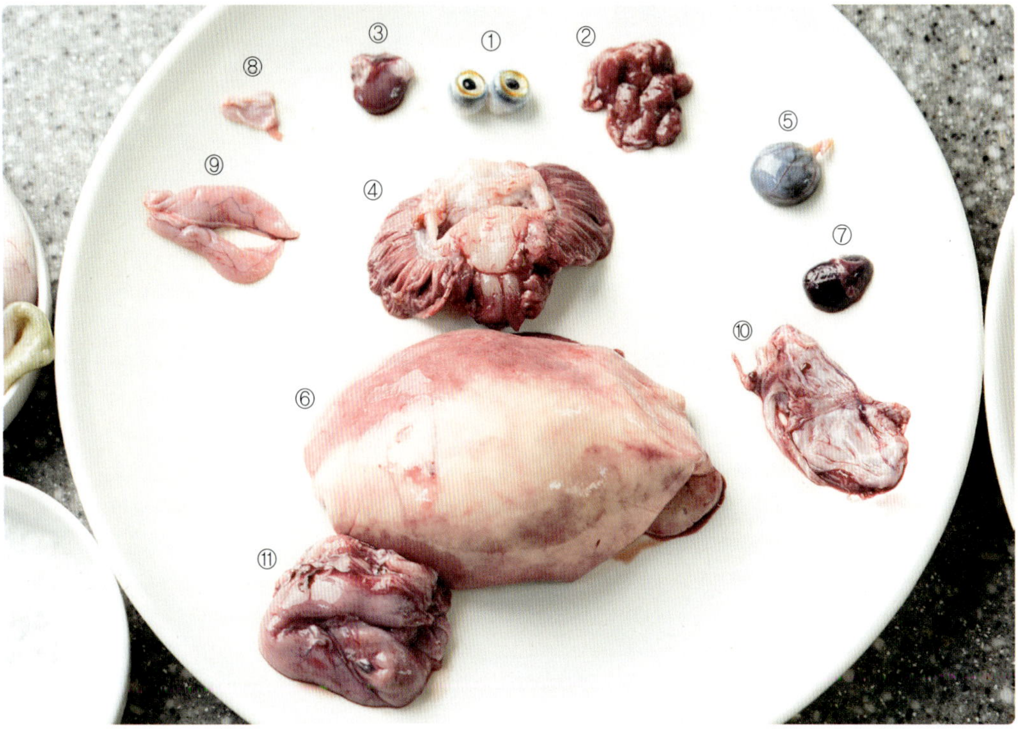

복어의 내장

① 안구
② 신장
③ 심장
④ 아가미
⑤ 담낭
⑥ 간장
⑦ 비장
⑧ 방광
⑨ 난소(또는 정소)
⑩ 부레
⑪ 위장

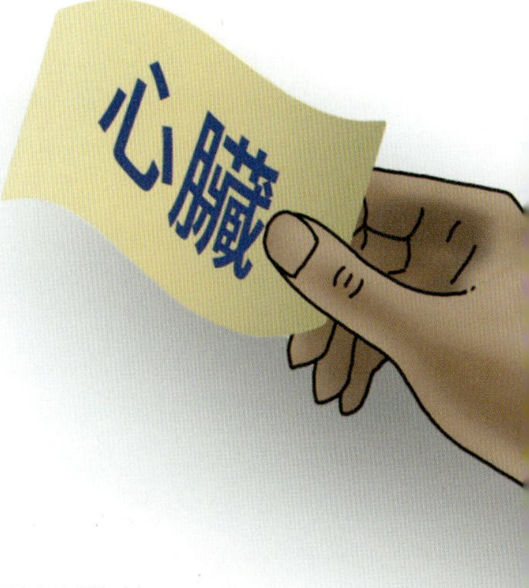

네임텍(name tag)을 붙여 구분한다.

(1) 안구(眼球)

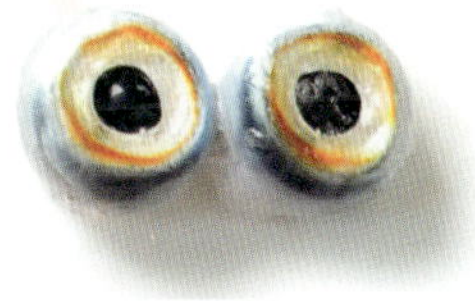

안구는 독이 있는 부위로 알려져 있으며, 중국 명나라 시대의 이시진이 쓴 본초강목(本草綱目)에 복어의 피와 눈이 유독하다고 기록되어 있기 때문에 복어의 안구와 혈액은 유독(有毒)하다고 한다.

그러나 실제로 독성을 조사한 보고들에는 독이 아직까지 검출되었다는 기록은 없다. 졸복, 눈물개복, 자주복의 피는 무독하며, 이들의 눈에서도 독성이 검출되었다는 보고는 아직까지 없다. 그러나 은띠복이라는 복어에서는 6MU/g의 독이 검출되었다는 보고는 있으나, 사람의 치사량은 10,000마우스유닛으로 사람의 치사량은 은띠복의 눈 840개의 분량이다. 그러나 눈은 식용가치가 별로 없음으로 제거하도록 한다.

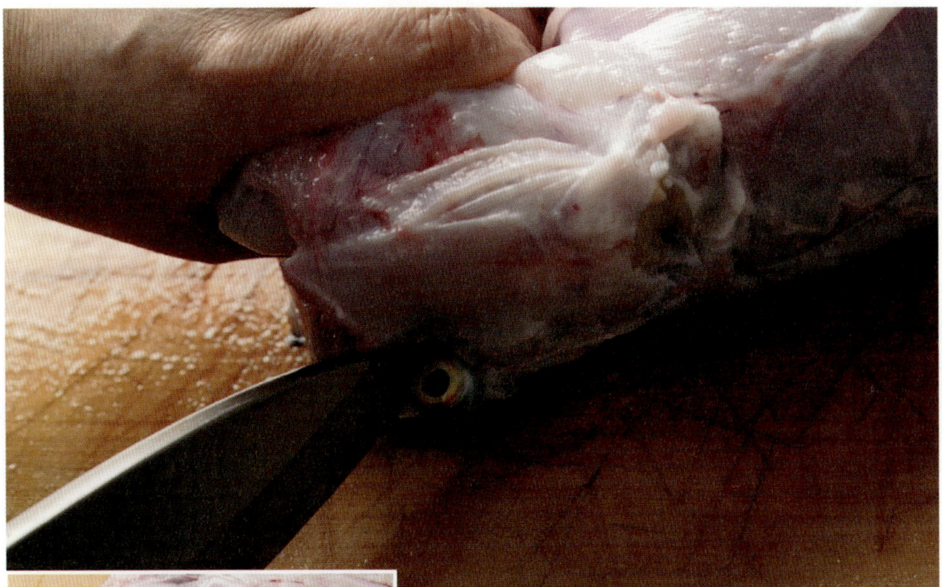

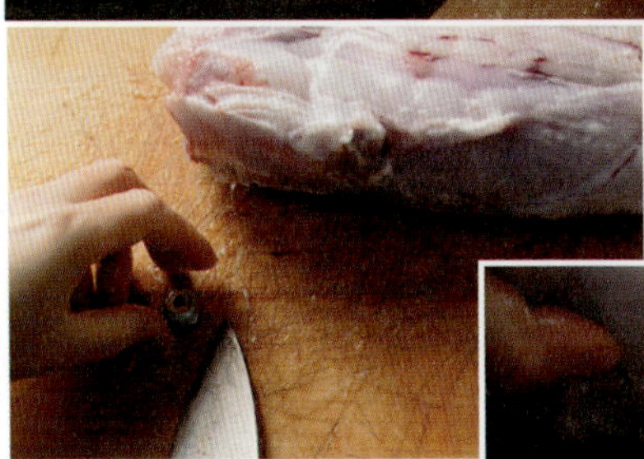

① 눈이 터지지 않도록 조심하여 칼로 도려낸다.

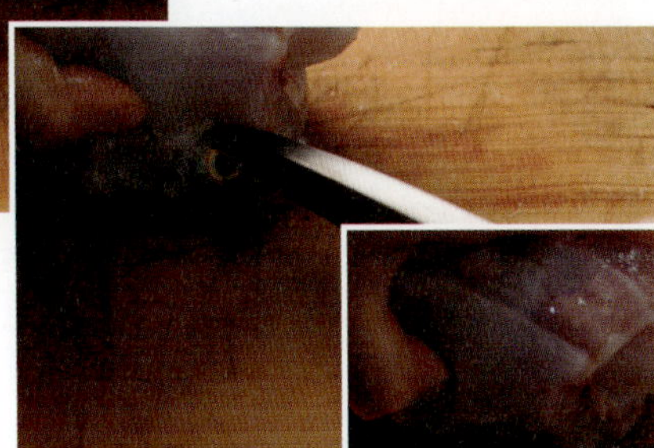

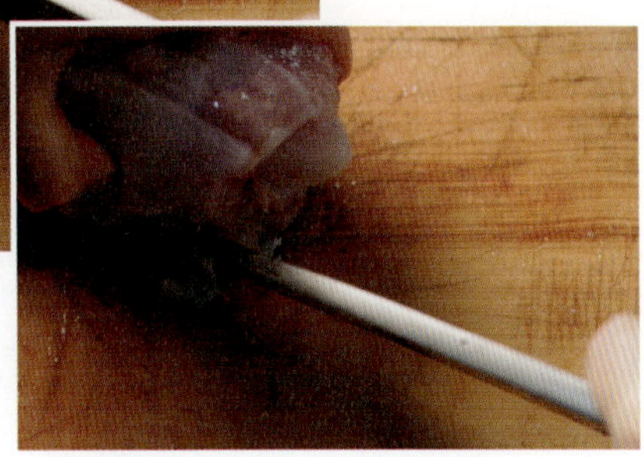

② 반대쪽 눈도 도려낸다.

③ 왼손으로 혀를 살짝만 올려(머리까지 들리지 않도록 한다.) 가장 많이 벌어지는 곳을 칼로 가른다.

④ 아기미가 잘리지 않도록 칼을 약간만 바깥쪽으로 하여 자른다.

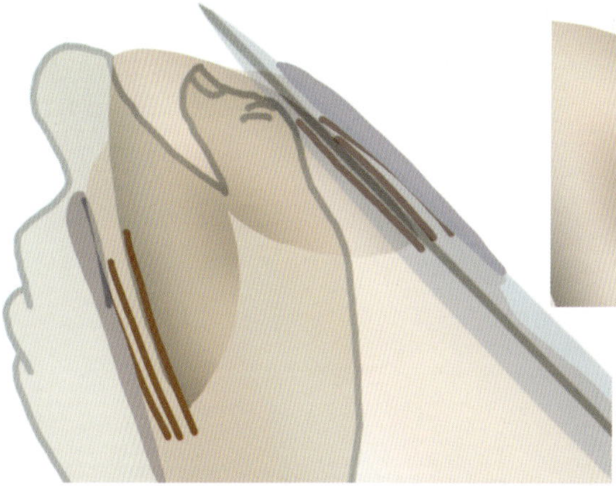

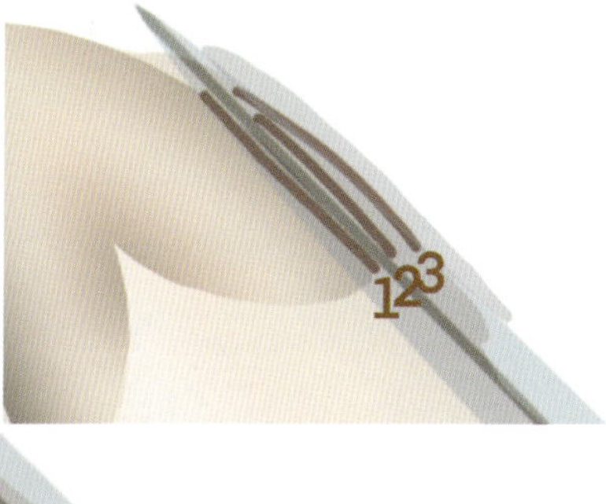

※ 왼손으로 혀를 살짝 들어 올리면 아가미 뚜껑 부분의 잔가시가 벌어진다. 이 때 가장 많이 벌어 지는 1, 2번 가시 사이로 데바칼을 넣어 자른다.

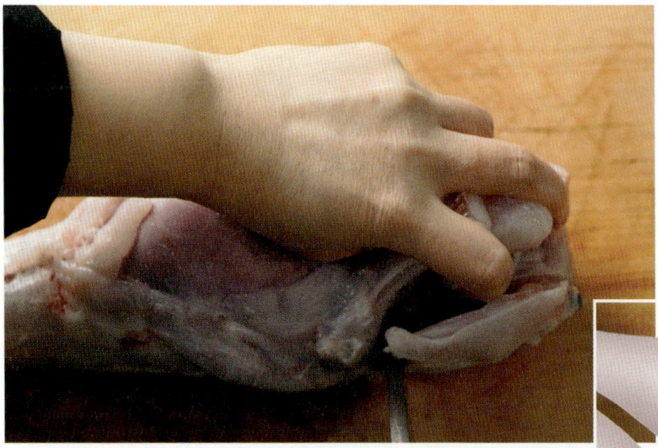

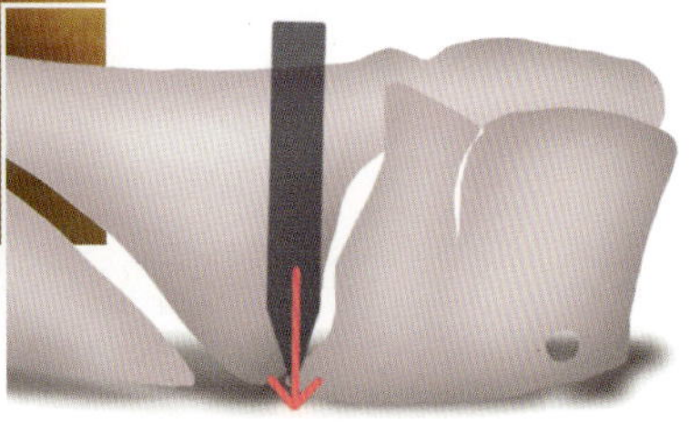

⑤ 머리뼈가 끝나는 부분에 몸통과 직각이 되도록 칼 끝을 넣어 자른다.

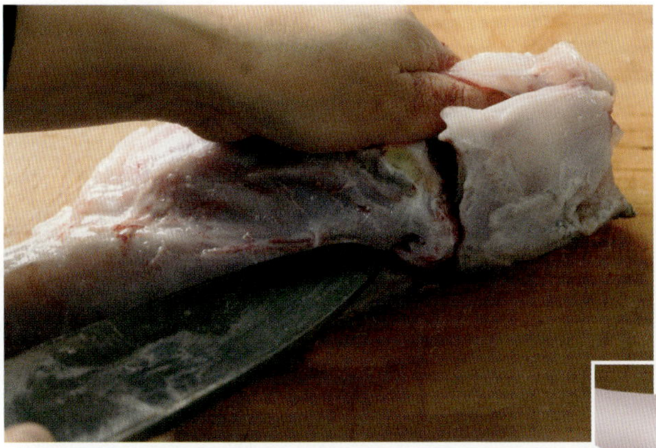

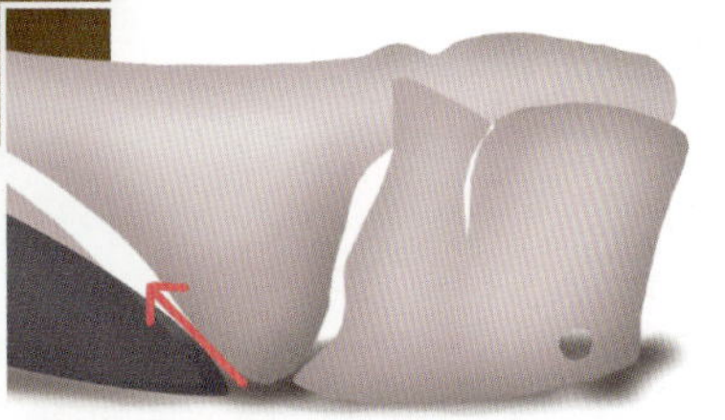

⑥ 갈비가 'V'자로 끊어지도록 비스듬히 자른다.

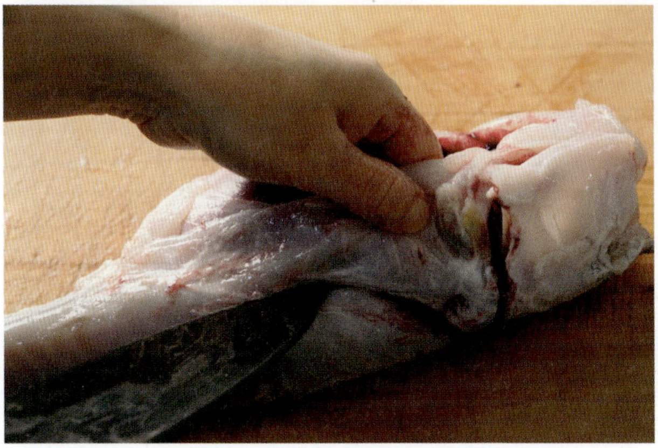

⑦ 몸통 옆쪽을 살과 내장이 만나는 선을 따라 자른다.

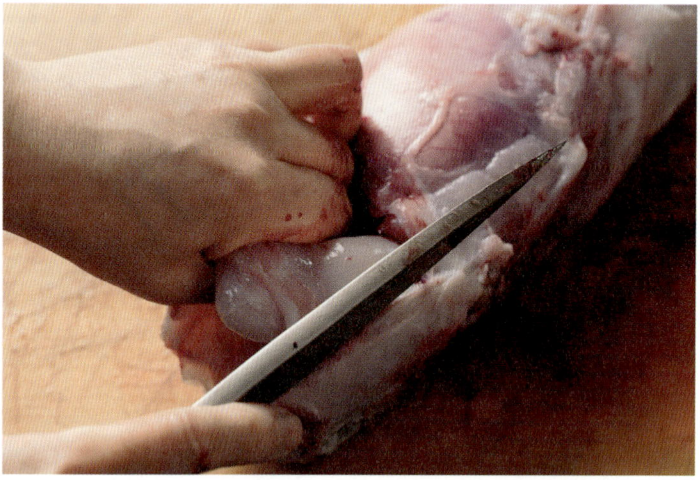

⑧ 왼손으로 혀를 살짝만 올려(머리까지 들리지 않도록 한다.) 가장 많이 벌어지는 곳을 칼로 가른다.

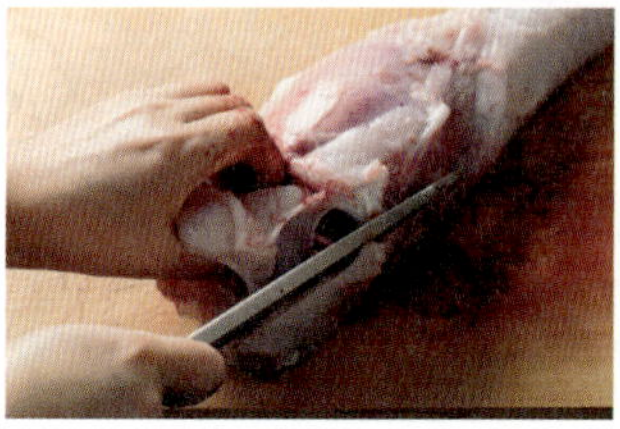

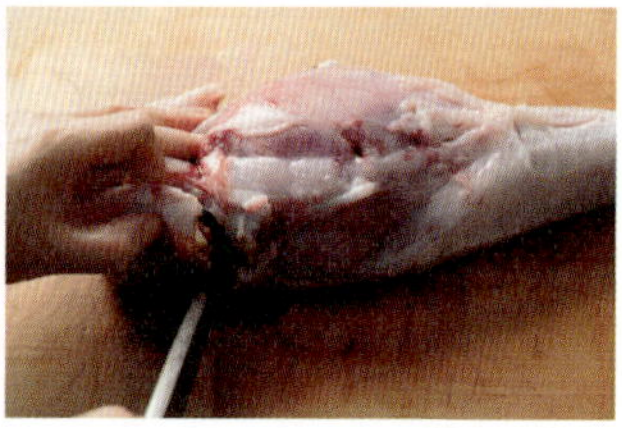

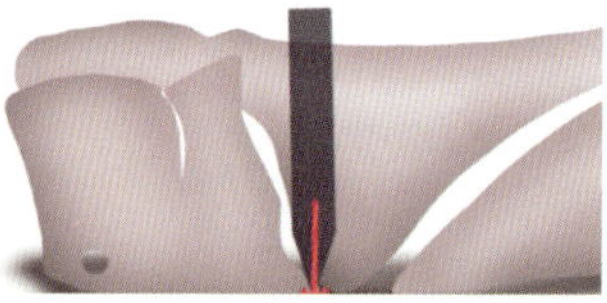

⑨ 아기미가 잘리지 않도록 칼을 약간만 바깥쪽으로 하여 자른다.

⑩ 머리뼈가 끝나는 부분에 몸통과 직각이 되도록 칼끝을 넣어 자른다.

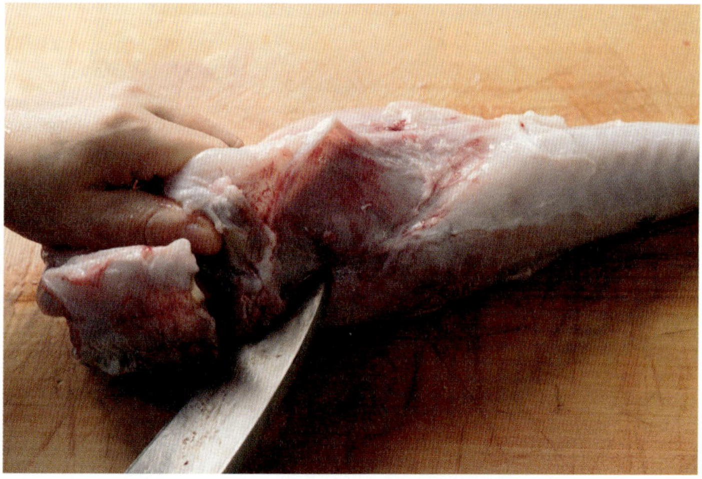

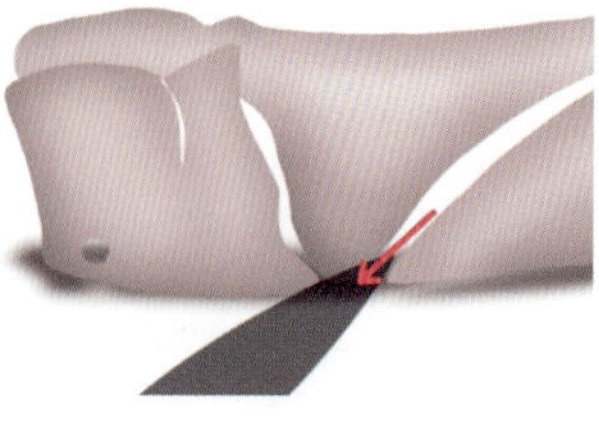

⑪ 몸통 옆쪽, 살과 내장이 만나는 선을 따라 자르면서 갈비가 'V'자로 끊어지도록 비스듬히 자른다.

⑫ 혀를 살짝 들어 올리고 데바칼을 아래로 넣는다.

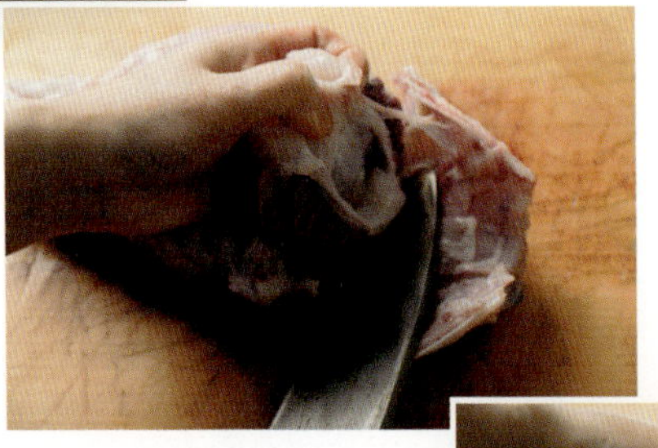

⑬ 아가미와 머리뼈를 연결하고 있는 살을 자른다.

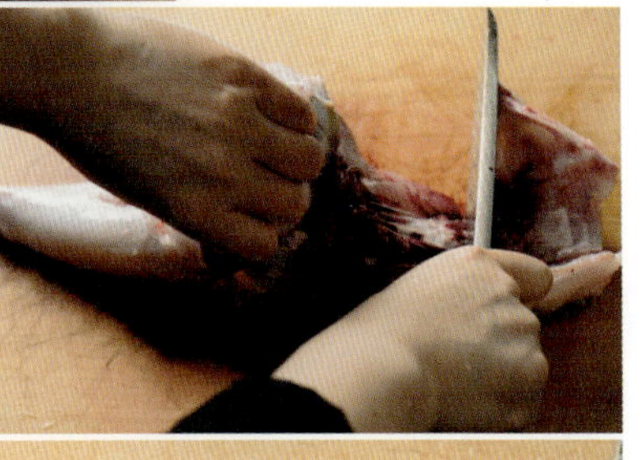

⑭ 데바칼로 머리를 누르고 잡아 당긴다.

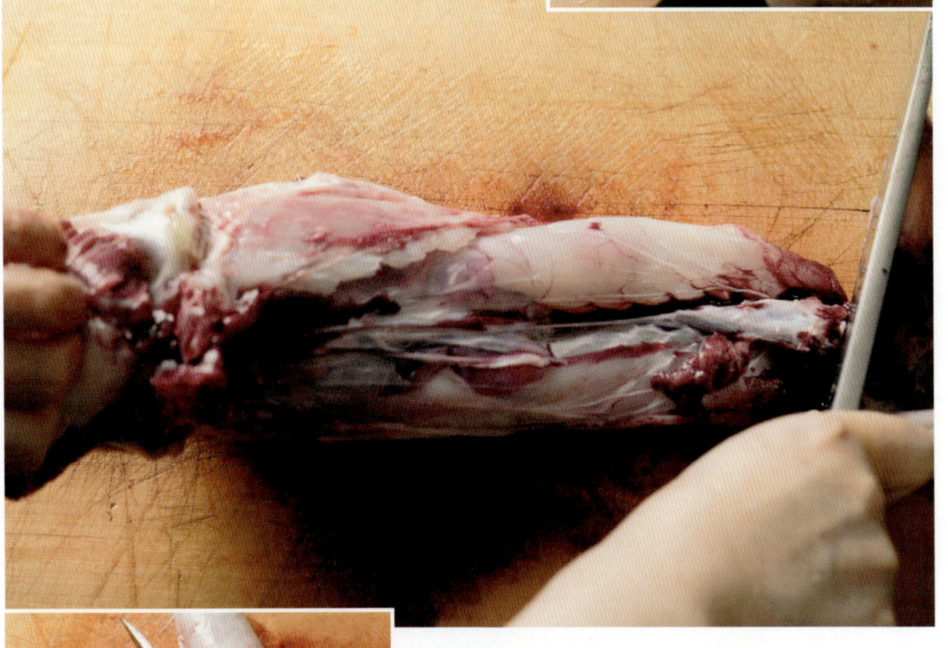

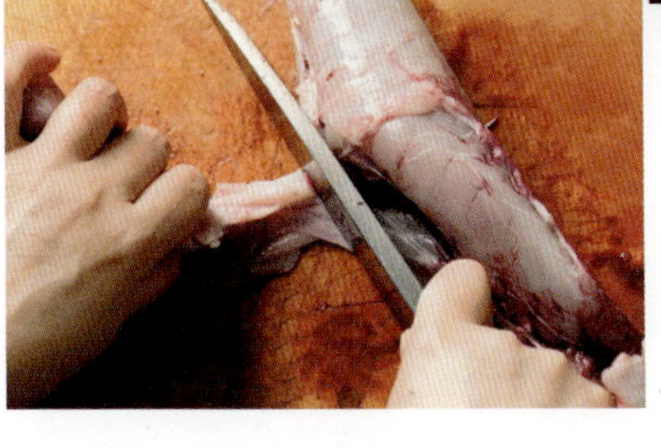

⑮ 갈비와 내장을 작업자의 몸 쪽으로 잡아당겨 놓고, 복어의 몸통과 연결된 부분을 복어의 몸통 쪽으로 붙여 자른다.

(2) 신장(腎臟)

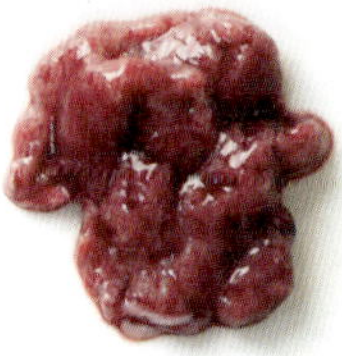

신장은 혈액에서 노폐물을 걸러내고, 소변을 방광으로 보내는 배설 기관으로, 독이 있는 유독(有毒)한 부위로 취급한다. 카쿠시기모(かくしぎも)라고도 부르는 신장은 머리와 몸통의 연결 되는 부분에 양쪽으로 부착되어있다. 몸통에서 내장을 분리할 때 내장 쪽에 붙기도 함으로 양쪽을 모두 확인하여 제거하여야 하며, 손으로 잡아 제거할 때 잘 찢어지는 부위로 남은 신장이 없는지 확인하여 완전히 제거하여야 한다.

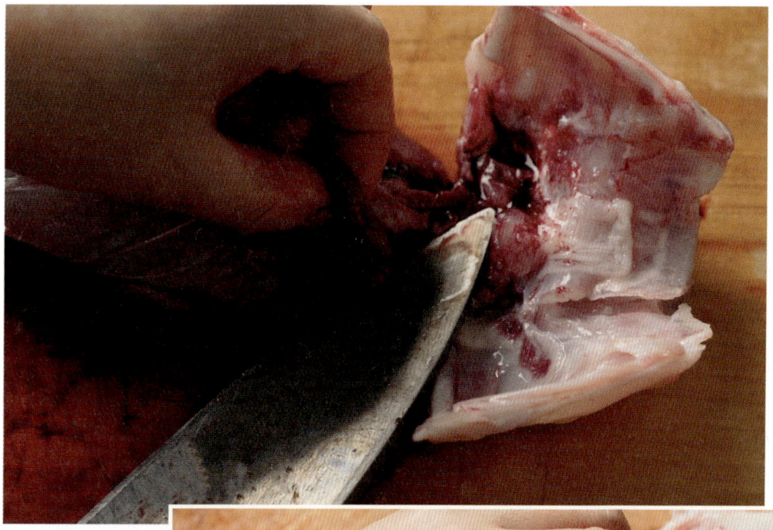

① 몸통에 붙은 신장을 때어낸다.

② 내장 쪽에 붙어 있는 신장을 때어낸다.

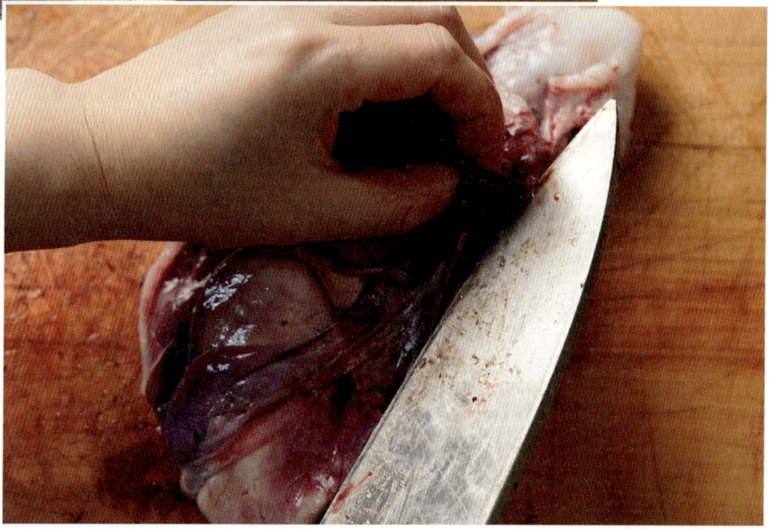

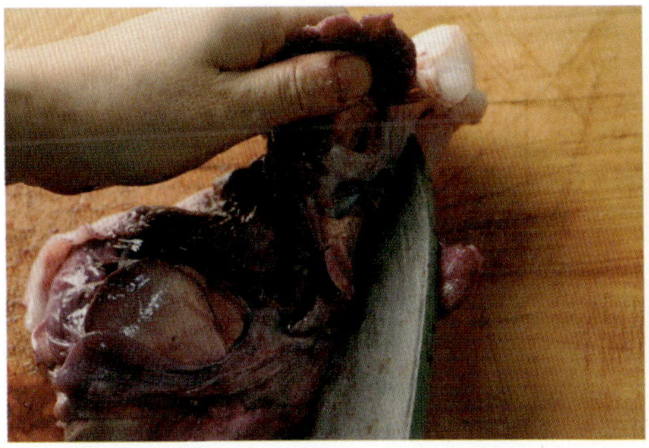
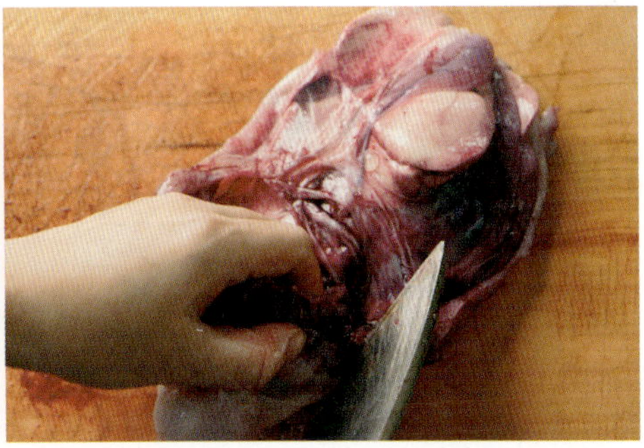

③ 갈비의 위쪽으로 솟아 있는 부분에서 내장 막을 분리한다. 양쪽 모두 칼로 잘라 준다.

④ 아가미를 닭 날개 잡듯이 잡고, 아가미와 혀 쪽에 있는 뼈 사이에 칼을 넣어 자른다. 이때 칼을 수직으로 넣는다.

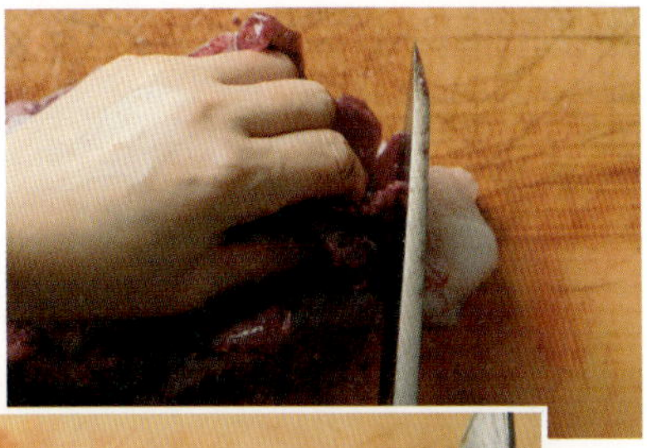

⑤ 칼로 수직으로 잘라 주다가, 아래쪽에 닿는 느낌이 들면, 칼로 혀를 누르고, 아가미를 잡아 당긴다.

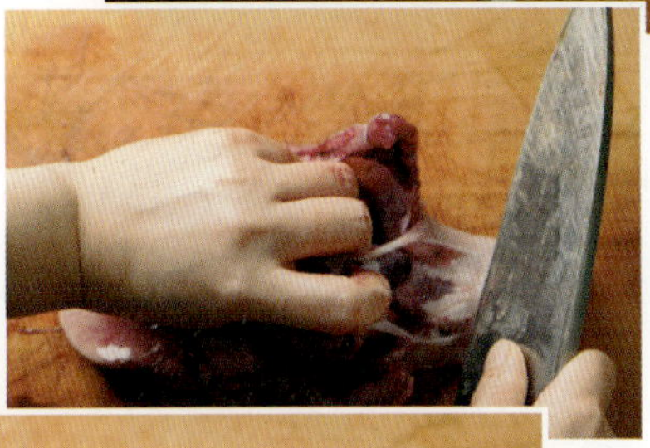

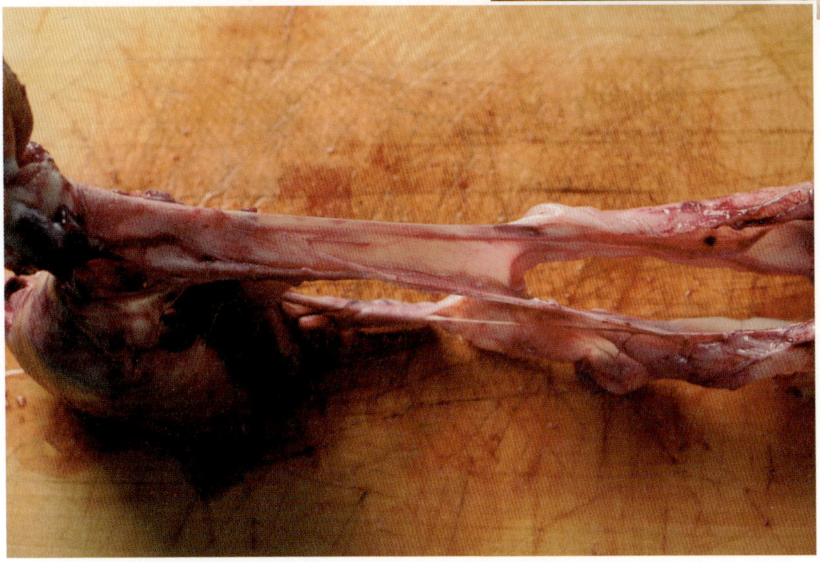

⑥ 갈비와 내장이 불리 될때까지 잡아 당겨 완전히 분리한다.

(3) 심장(心臟)

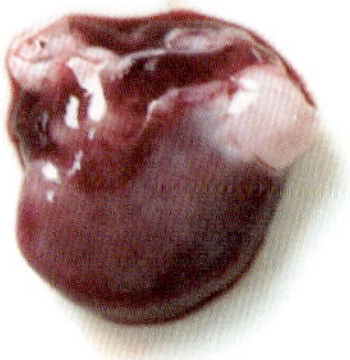

심장은 복어의 갈비에서 아가미를 잡고 내장을 분리할 때, 아가미 아래쪽에 숨어 있는 부위로, 터지지 않도록 잘 분리하여야 한다.

어류는 1심방 1심실로, 심방, 심실이 붙어 있어 하트모양처럼 보인다. 심장은 독이 있는 부위로 비식용 부위로 분리하여 버리도록 한다.

아가미 아래쪽에 붙어 있는 심장을 잘라낸다.

(4) 아가미(鰓)

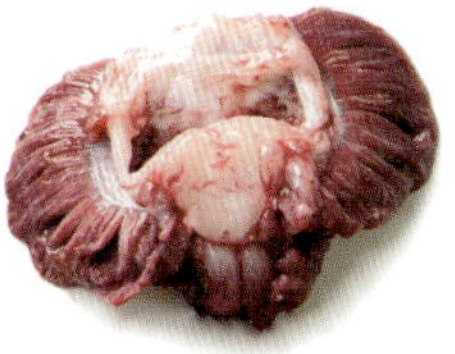

갈비에서 내장을 분리할 때, 갈비의 양쪽으로 높게 솟아 있는 부분과 아가미 아래쪽 양쪽에 칼집을 내고, 아가미를 잡고, 당겨 내장 전체를 분리한다. 이때 아가미 아래쪽에 있는 심장이 터지지 않도록 분리하여야 한다. 전체 내장에서 심장을 분리하고, 아가미를 분리한다.

복어의 아가미는 아가미젓, 아가미술(鰓酒) 등을 만들기도 하나, 그것은 허가 받은 곳에서 허가 받은 방법대로 만들어야 하며, 시간도 많이 걸린다. 복어의 아가미는 독이 있는 부위로 분리하여 버리도록 하고, 절대로 식용하여서는 안 된다.

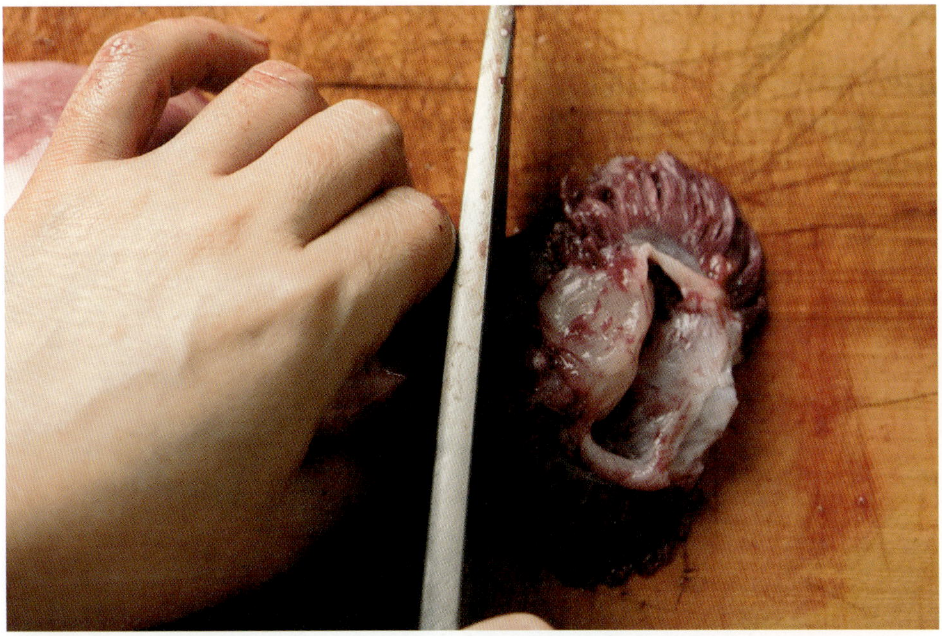

내장에서 아가미를 잘라낸다.

(5) 담낭(膽囊)

간(肝)에서 담낭을 분리할 때는 갈비에서 아가미를 잡고 내장을 한 번에 분리한 다음, 간장의 한가운데 붙어 있는 파란색 주머니 같이 생긴 담낭을 터지지 않도록 소심하여 잘라낸다. 복어의 담낭(쓸개)은 간에서 만들어지는 담즙을 저장하는 장기로, 청주에 넣어서 쓸개주(胆酒)를 만들어 먹기도 한다.

그러나 졸복, 까칠복 등 쓸개에도 독이 있는 복어도 있음으로 독이 있는 복어의 쓸개는 절대로 식용하여서는 안 된다. 복어의 담낭은 안전을 위해 독이 있는 부위로 분리하여 버리도록 한다. 또한, 담낭은 니가다마(にが玉)라고 부르기도 한다.

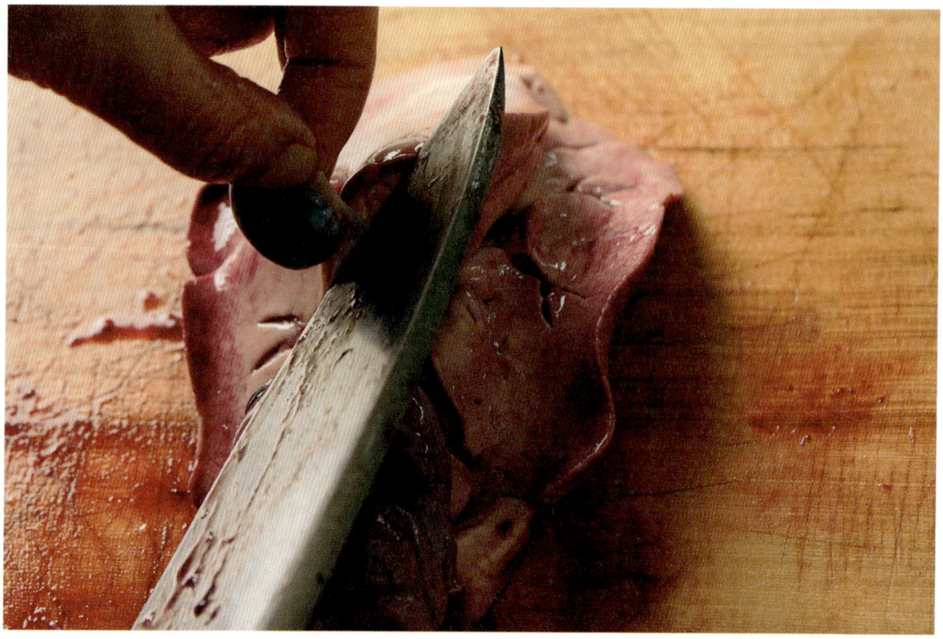

간장의 가운데 붙어 있는 담낭을 잘라낸다.

*복어의 담낭은 비전문가에 의해 절대로 식용하여서는 안된다.

(6) 간장(肝腸)

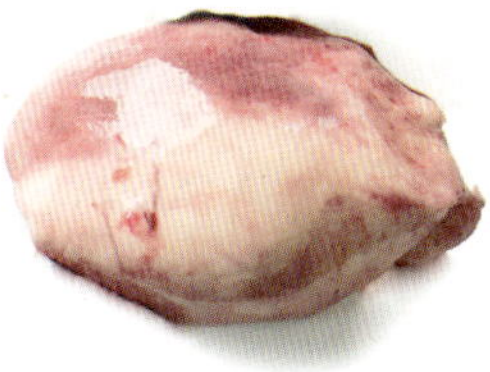

간은 유해물질을 해독하는 기관으로, 담즙을 만들고, 영양분을 저장하는 기능을 하는 복어의 내장 중 가장 큰 부위이다. 간을 복어의 내장에서 떼어 낼 때 손상되지 않도록 주의한다. 복어의 간을 실수로 자르거나 하면 복어의 독이 나올 수 있으니 조심히 제거하고, 식용불가 부위로 분리하여 버리도록 한다.

국내와 일본에서도 일부 복어 간 요리를 제공하는 곳이 있으나, 그것은 특별한 방법으로 제독처리하거나, 독성 검사를 마친 양식 복어를 사용하는 경우로 일반적으로는 절대 식용해서는 안 된다. 특히 간장은 난소와 더불어 독이 가장 강한 부위로, 양식 복어라 하더라도 절대로 식용하여서는 안 된다. 간은 키모(きも)라고 부른다.

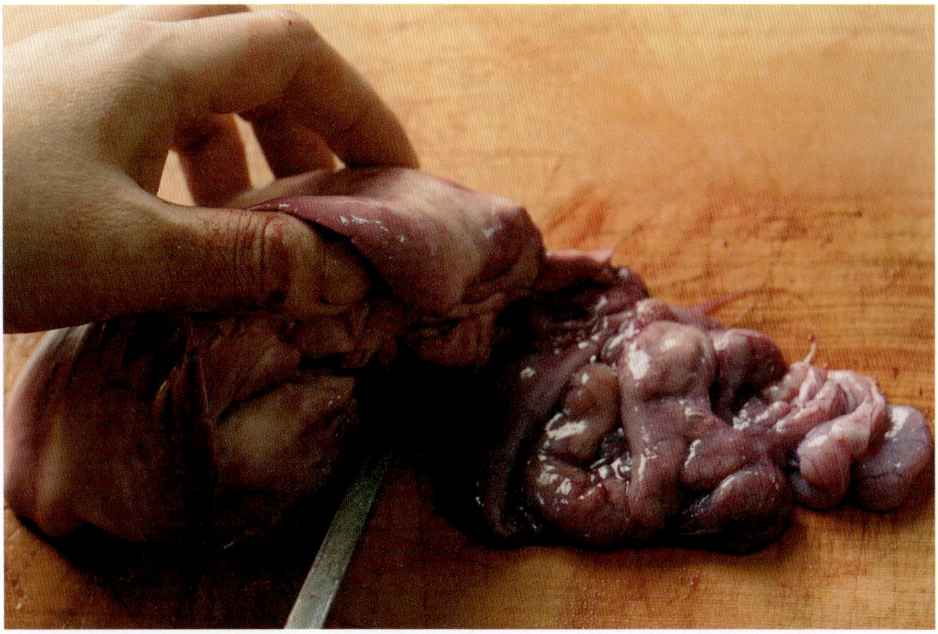

남은 내장에서 간을 잘라낸다.

(7) 비장(脾臟)

비장은 내장의 한 가운데에서 찾을 수 있으며, 암적색을 띠고 있고, 얇은 막에 싸여 있는 것처럼 보인다. 잘 구분하기 힘들 수도 있음으로 비장을 잘 구분하여, 터지지 않도록 제거한다. 비장의 독성은 명확하지 않지만 비식용 부위로 분리하여 버린다.

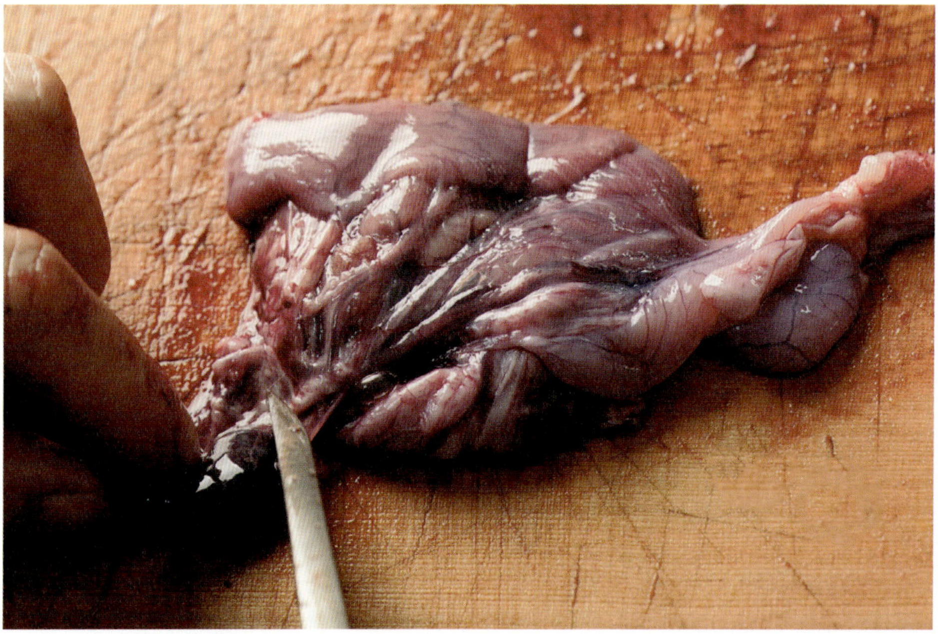

내장의 한가운데 있는 비장을 분리한다.

(8) 방광(膀胱)

방광은 신장에서 흘러나오는 소변을 저장하는 기관으로, 난소 또는 정소 사이에 있으며, 크기가 작고, 주변의 막에 가려 잘 보이지 않을 수도 있다. 작은 주머니 모양으로 생겼다. 난소 또는 정소가 손상되지 않도록 잘 제거하도록 한다.

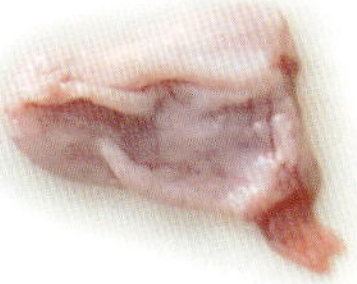

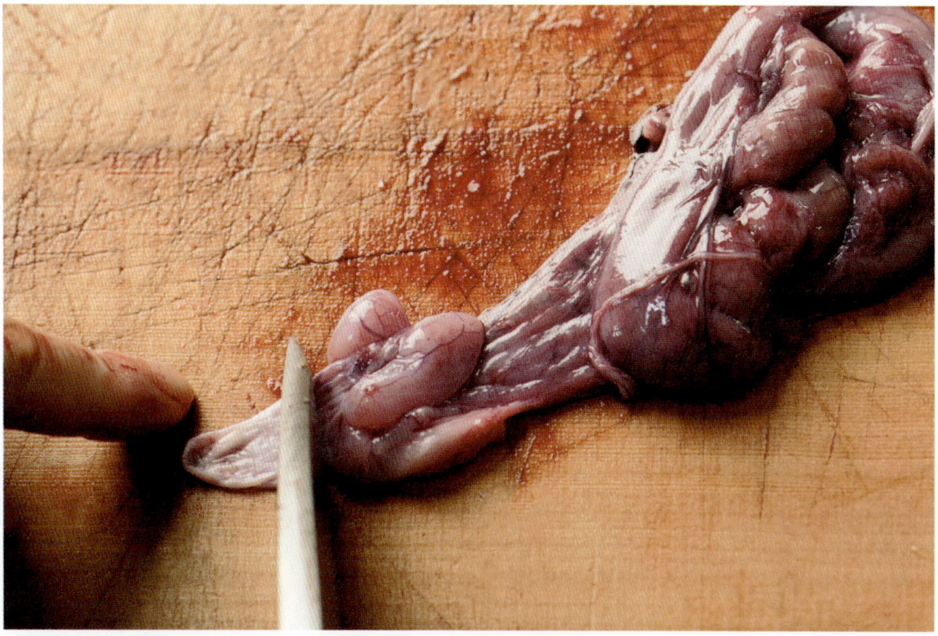

난소(또는 정소)의 가운데 붙어 있는 방광을 찾아 잘라낸다.

(9) 난소(卵巢)와 정소(精巢)

① **난소**(卵巢) : 난소는 알, 곤이(鯤鮞), 마코(まこ) 등으로 부르며, 난소는 복어의 장기 중 일반적으로 독성이 가장 강한 부위로 주의를 요하는 부위이다. 정소와 겉 모양이 비슷하여 구분에 특히 신경을 써야하며, 정소에 비하여 핏줄이 많고, 알이 차 있을 때는 눌러 보면 메모리폼 베개처럼 서서히 올라온다.

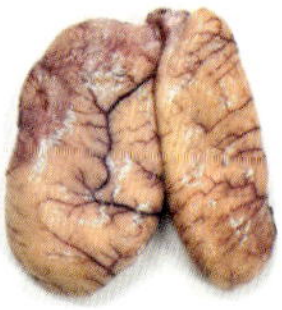
난소

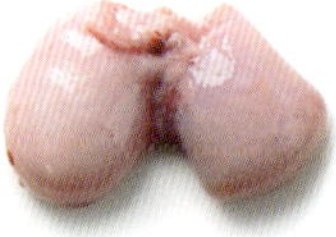
난소(미성숙)

난소의 크기가 작은 미성숙 상태에서는 속이 비어있어 빈 주머니처럼 보인다. 미성숙 상태의 정소의 경우는 속이 차 있고, 약간 각져 보인다.

② **정소**(精巢) : 복어의 정소는 이리, 시라코(しらこ) 등으로 불리며, 복어의 내장 중 먹을 수 있는 가식부위이다. 정소는 하얗고, 핏줄이 거의 없으며, 잘라 보았을 때, 속이 꽉 차있다. 정소는 부드럽고, 맛이 단백하며, 서시유(西施乳)에 비유할 만큼 맛이 좋다.

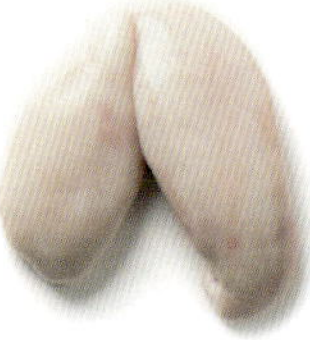
정소

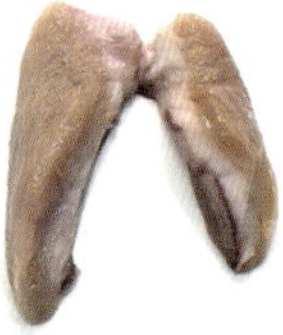
정소(미성숙)

정소라고 하더라도 복어의 종류에 따라 식용이 불가한 경우도 있고, 손질을 잘 하여야 함으로 비전문가가 조리한 것은 함부로 식용하지 않도록 하여야 한다.

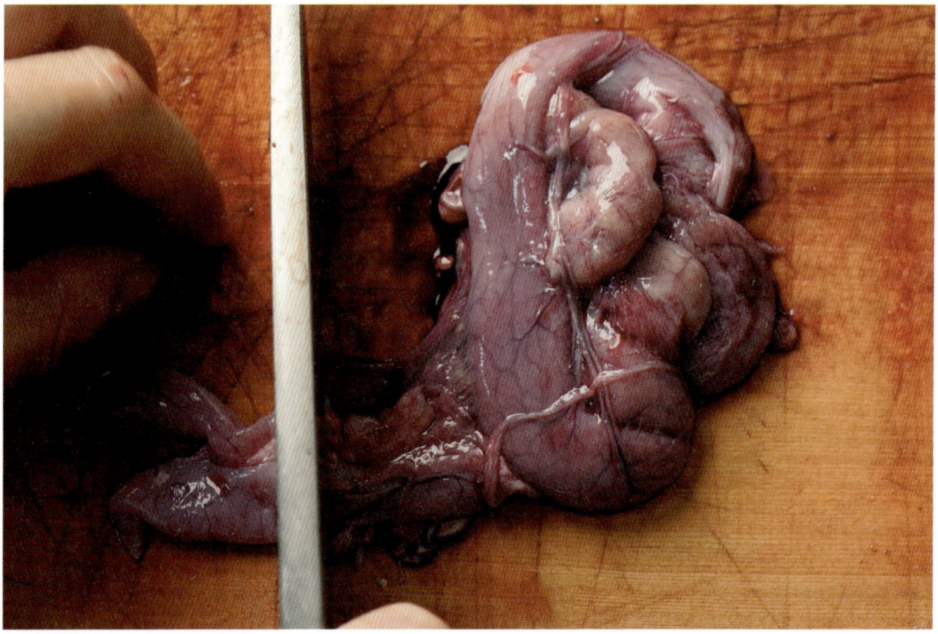

난소(또는 정소)를 분리한다.

(10) 부레(鰾)

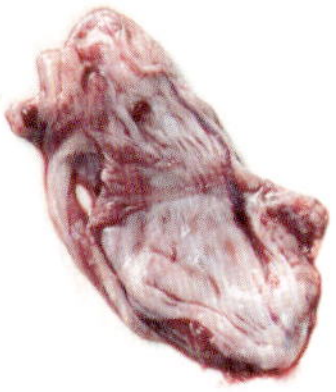

부레는 어류에 있는 공기주머니로, 물고기가 상하로 이동할 때 내부의 가스량을 조절하는 역할과 비중을 물과 일치시켜 움직이기 쉽게 하는 역할을 한다. 복어의 몸통에서 내장 전체를 분리하였을 때, 내장의 가운데 윗부분에 은빛 나는 풍선처럼 보이며, 냉동 복어 같은 경우는 몸통뼈에 붙어 있는 경우도 있다.

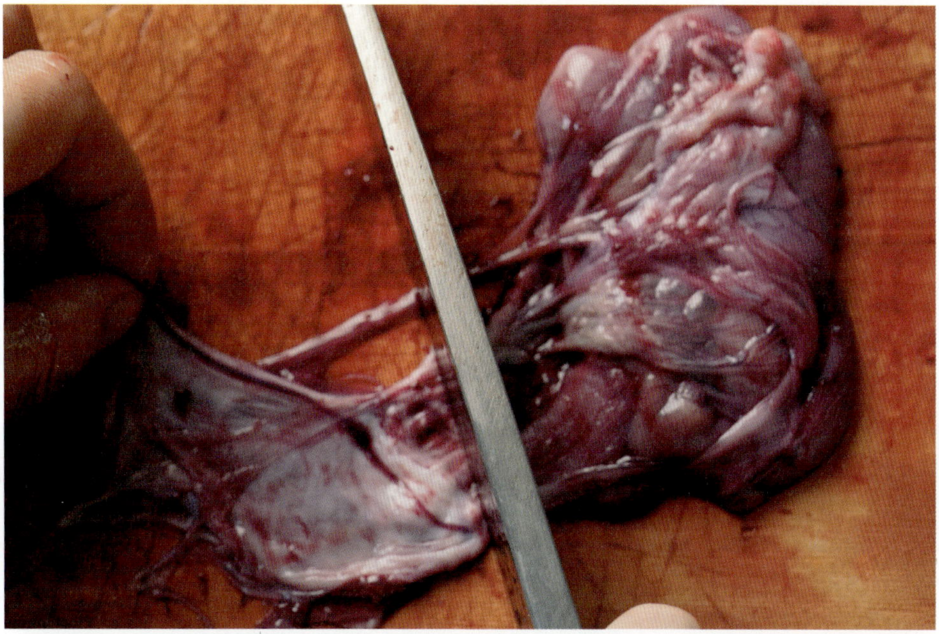

남아 있는 내장에서 부레를 찾아 분리한다.

(11) 위장(胃腸)

위장은 복어의 내장에서 모든 장기를 분리하고 나면, 위장, 창자 등이 남아있지만, 편의상 남아있는 부위를 위장으로 분리한다. 복어 위는 두 부분으로 나누어져 있으며 배 쪽에 붙어 있는 부분을 팽창낭(膨脹囊)이라고 하는데, 입으로 공기나 물을 채워 몸을 부풀릴 수 있다.

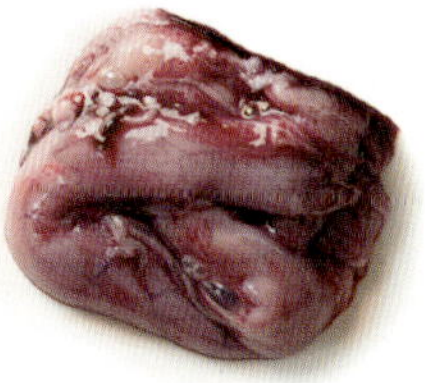

이 때 마시는 물의 양이 몸무게의 4배에 이를 때도 있다고 한다. 위장은 독성이 있는 경우가 있으므로 비식용으로 분리한다.

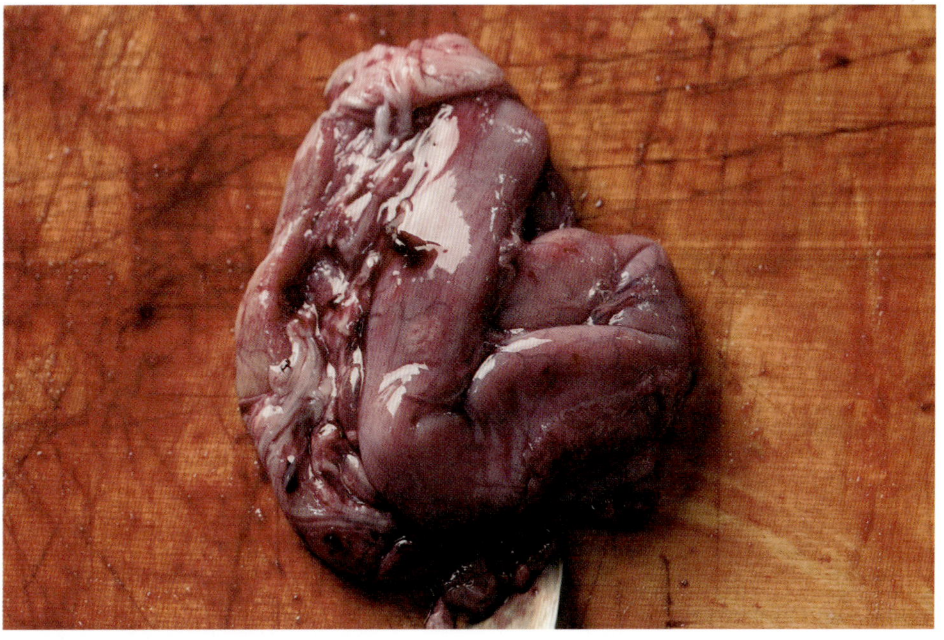

남아 있는 부분은 위장으로 분리한다.

3. 복어의 손질(몸통)

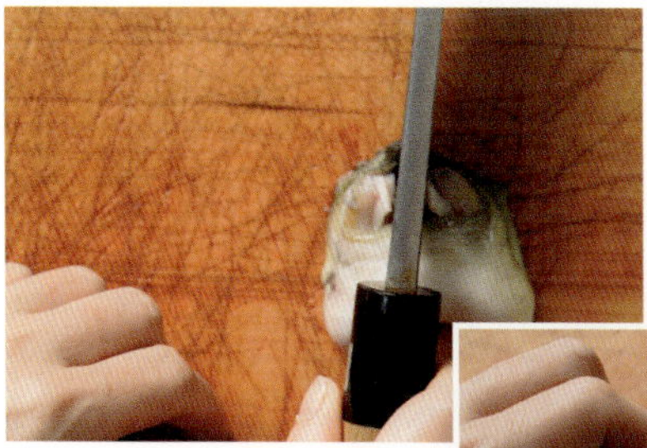

① 윗니 사이를 데바칼을 이용하여 자른다.

② 자른 윗니를 벌려 아랫니 쪽에 있는 막을 잘라 낸다.

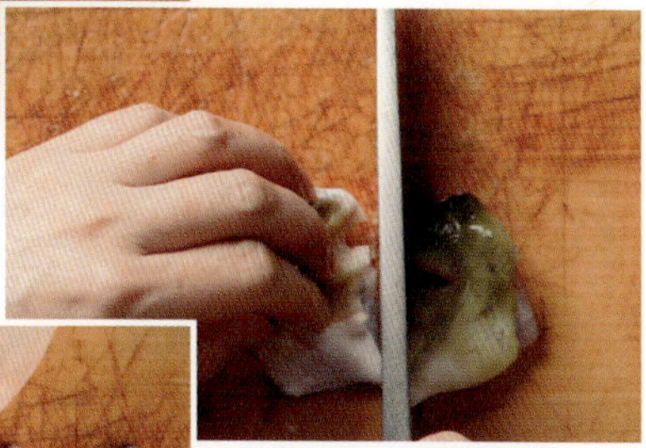

③ 칼등으로 내리쳐 아랫니 사이가 벌어지면 칼을 아랫니 사이에 넣어 입을 완전히 둘로 잘라낸다.

④ 지느러미에 붙어 있는 껍질 등을 잘라 낸다.

⑤ 입을 소금으로 문지르고, 물에 씻어 점액질을 제거한다.

⑥ 지느러미는 소금으로 문지르고, 물에 씻어 점액질을 제거하고, 말린다.

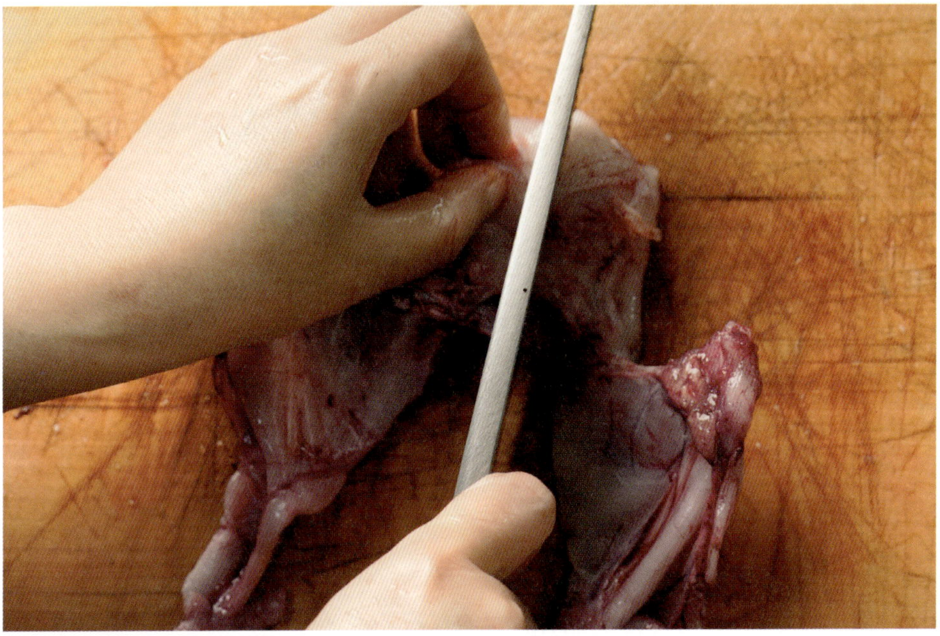

⑦ 갈비는 반으로 가른다.

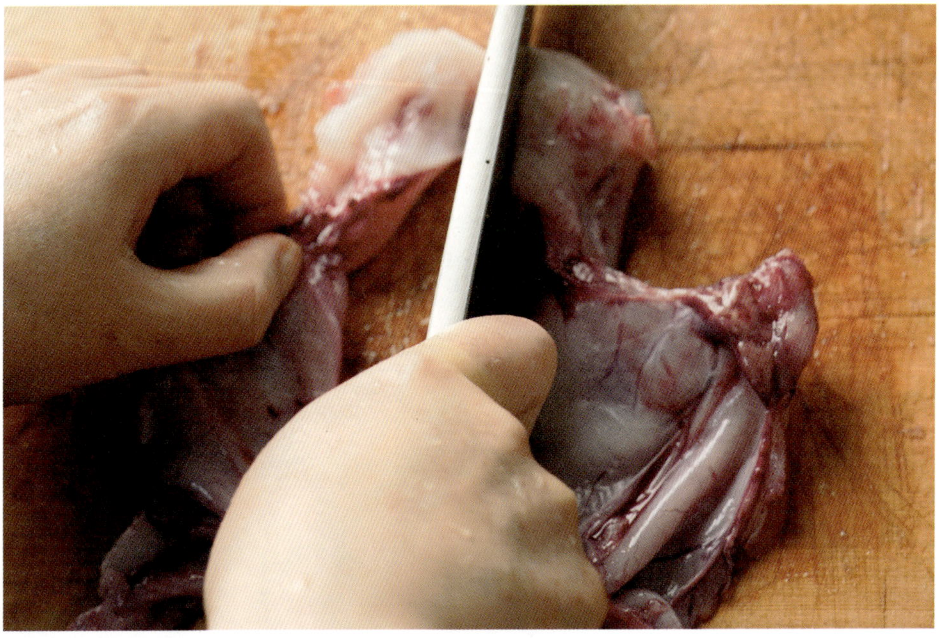

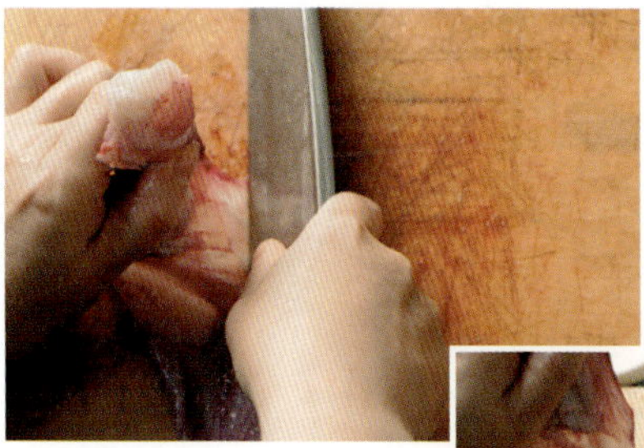

⑧ 갈비에 붙은 막을 제거한다.

⑨ 갈비의 막을 칼로 누르고 갈비를 들어 올려 막을 제거한다.

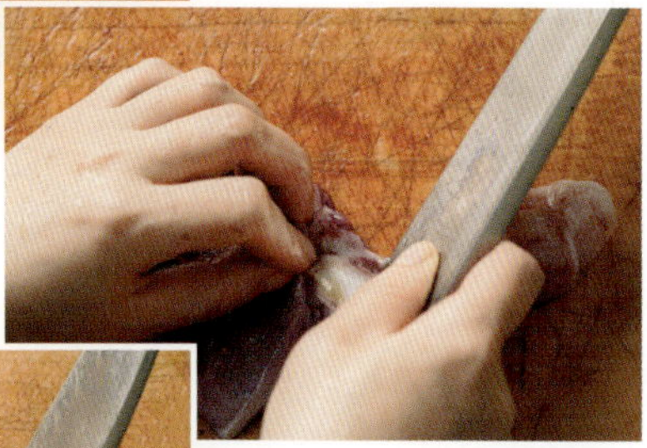

⑩ 피막은 데바칼로 긁어 제거한다.

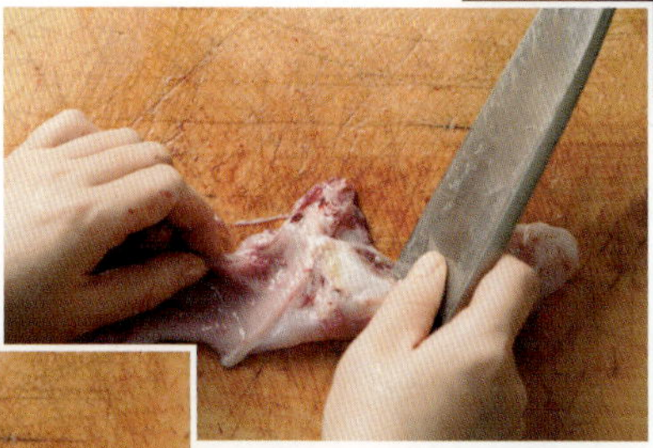

⑪ 피막 부분의 빨간 피가 없어지도록 긁는다.

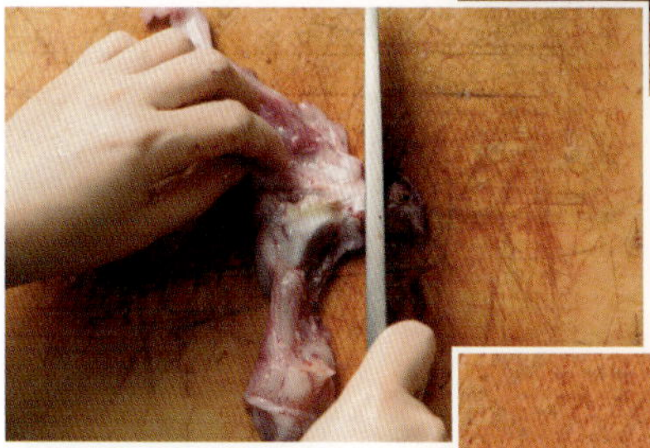

⑫ 갈비의 튀어나온 부분을 자른다.

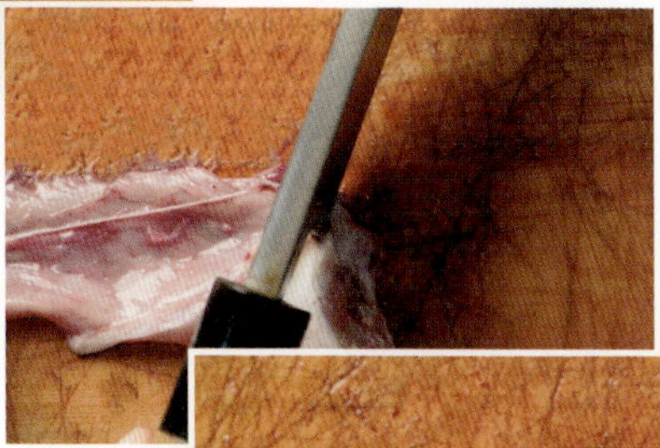

⑬ 자른 부분에 칼집을 낸다.

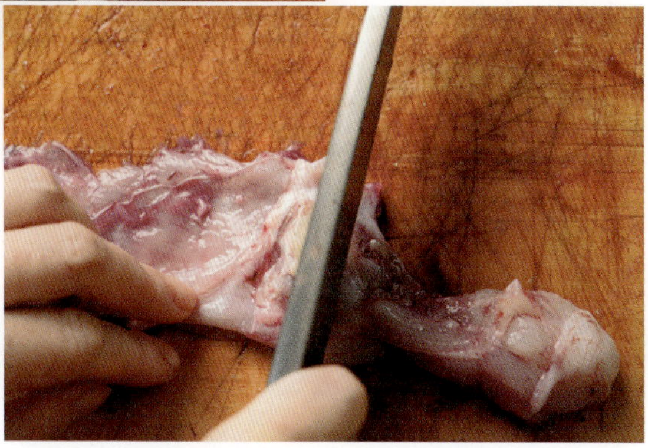

⑭ 갈비를 반으로 자른다.

⑮ 반대 쪽도 갈비에 붙은 막을 제거한다.

⑯ 피막은 데바칼로 긁어 제거한다.

⑰ 피막 부분의 빨간 피가 없어지도록 긁는다.

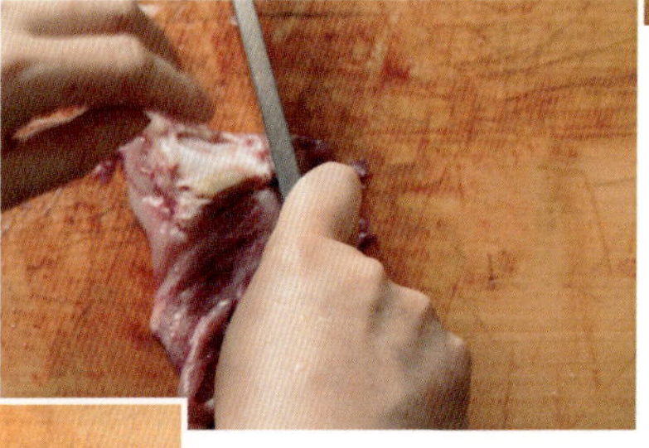

⑱ 갈비의 튀어나온 부분을 자른다.

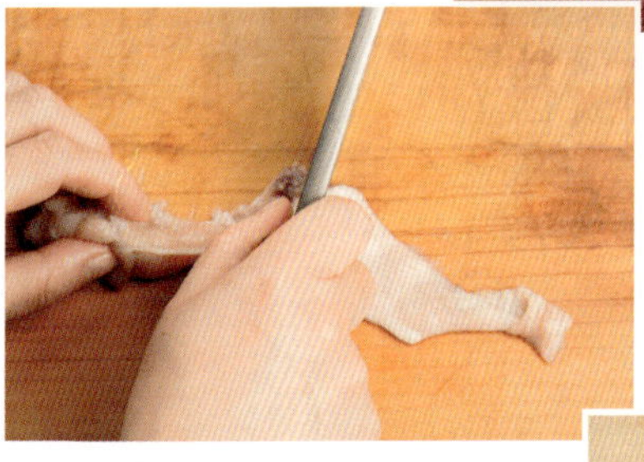

⑲ 자른 부분에 칼집을 낸다.

⑳ 갈비를 반으로 자른다.

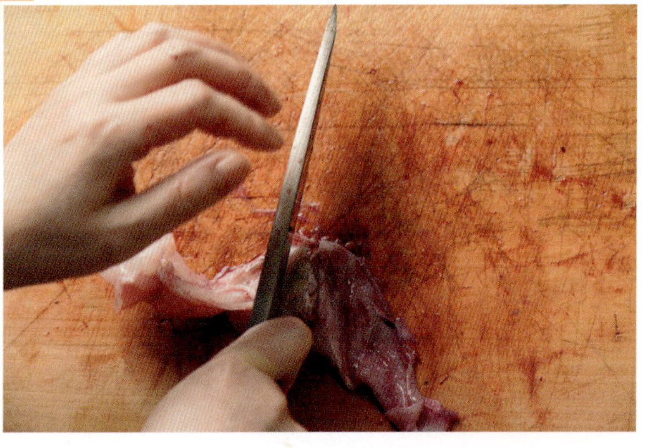

㉑ 몸통 살이 손상되지 않도록 머리 쪽으로 붙여 머리를 자른다.

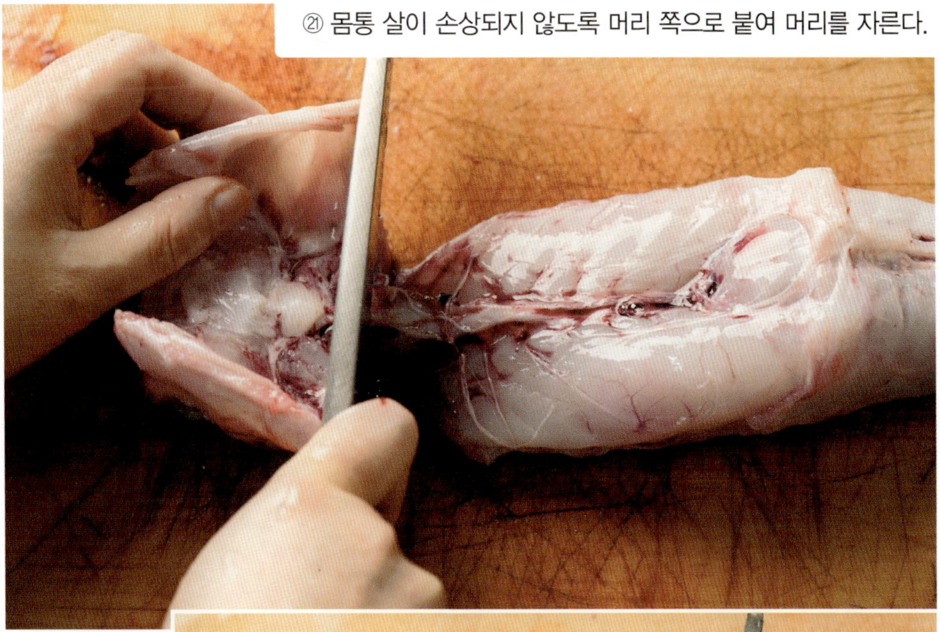

㉒ 머리를 반으로 가른다.

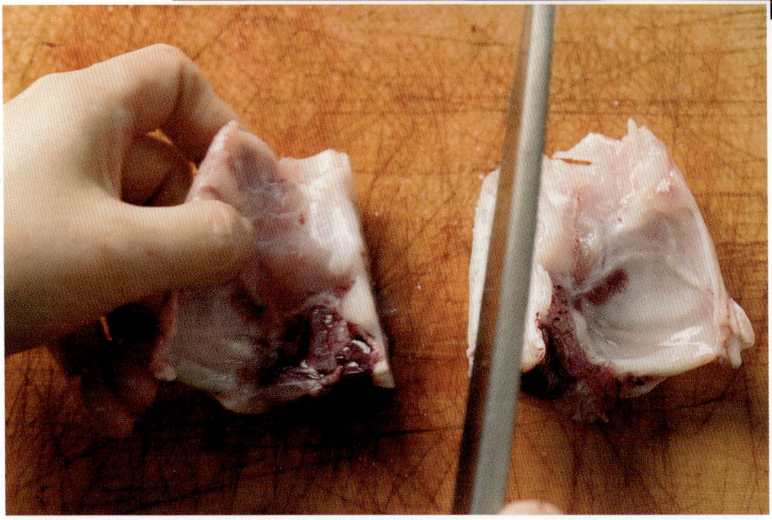

㉓ 머리 중앙을 정확히 가르거나, 한쪽으로 치우치면 반대쪽도 똑같이 한번 더 자른다.

㉔ 머리뼈에서 신장이 붙어 있던 자리의 피고인 부분을 잘라낸다.

㉕ 머리 안쪽의 잔가시와 막 등을 완전히 긁어낸다.

㉖ 머리를 가른 자리 중간에 있는 골(腦)을 완전히 파낸다.

※ 복어의 뇌(腦)는 머리뼈 사이에 있다.

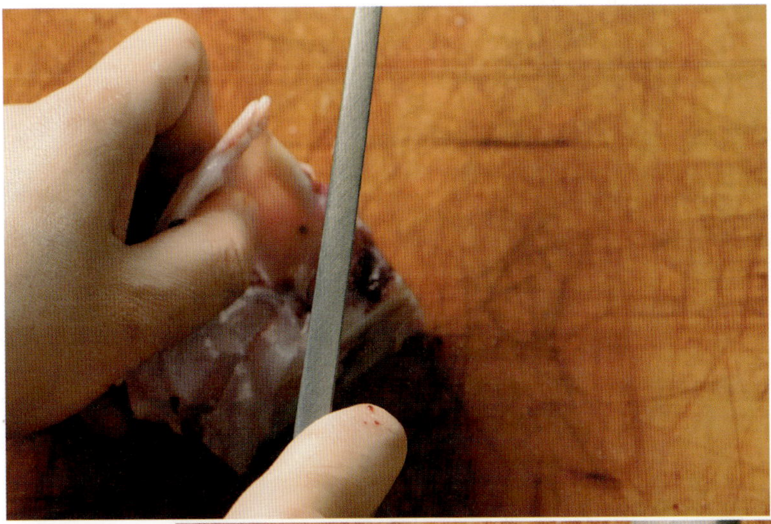

㉗ 반대 쪽도 신장이 붙어 있던 자리의 피고인 부분을 잘라낸다.

㉘ 머리 안쪽의 잔가시와 막 등을 완전히 긁어낸다.

㉙ 머리를 가른 자리 중간에 있는 골(腦)을 완전히 파낸다.

㉚ 배꼽은 양끝이 뾰족한 럭비공 모양으로 생겼다. 한쪽씩 칼로 곡선을 그리듯 긋어 준다.

※ 복어의 배꼽은 뒷지느러미의 근육을 편의상 이르는 말이다.

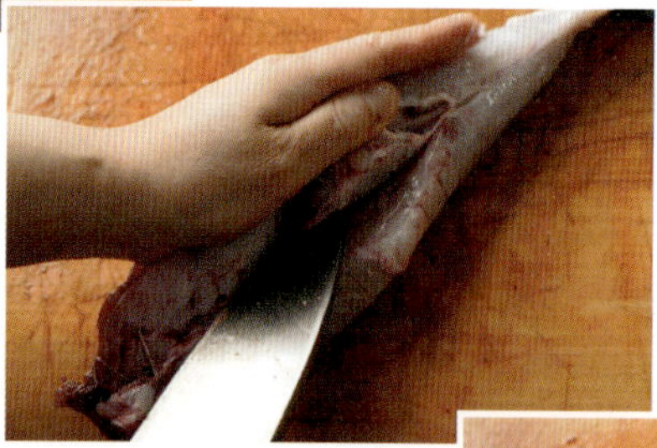

㉛ 배꼽이 몸통에서 'V'자로 빠지도록 칼로 선을 긋는다.

㉜ 반대쪽도 단면은 'V'자가 되고, 위에서 보면 곡선이 되도록 칼로 선을 긋듯 자른다.

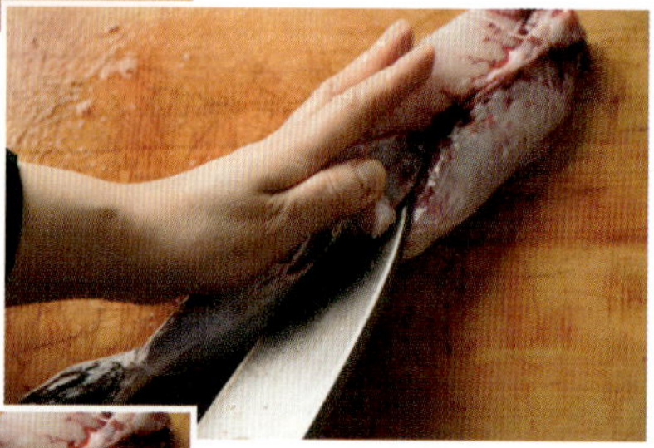

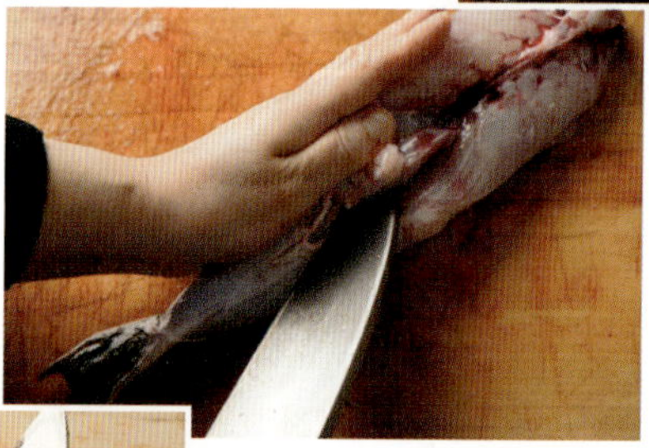

㉝ 양쪽에서 자른 칼집이 가운데 뼈에서 만나도록 자른다.

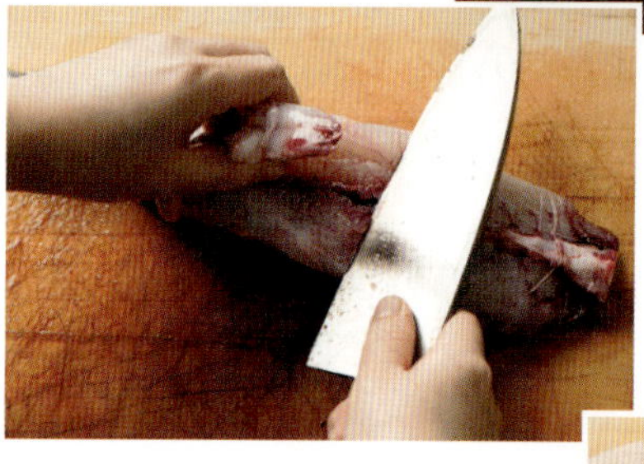

㉞ 배꼽이 뼈에 붙어 있는 부분을 칼끝으로 살짝 자르고, 배꼽을 빼낸다.

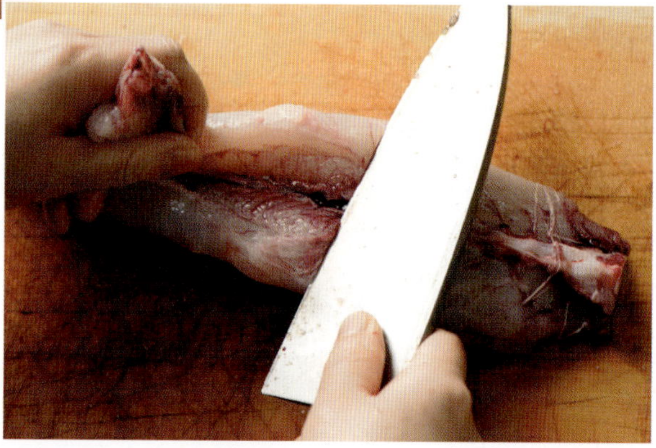

㉟ 배꼽이 다 빠지면 몸통과 붙어 있는 부분을 잘라 완전히 분리한다.

㊱ 배꼽과 척추뼈가 붙어 있던 곳에 있는 얇은 뼈에 칼집을 낸다.

㊲ 배꼽을 빼낸 자리의 피막을 데바칼의 칼턱으로 긁어낸다.

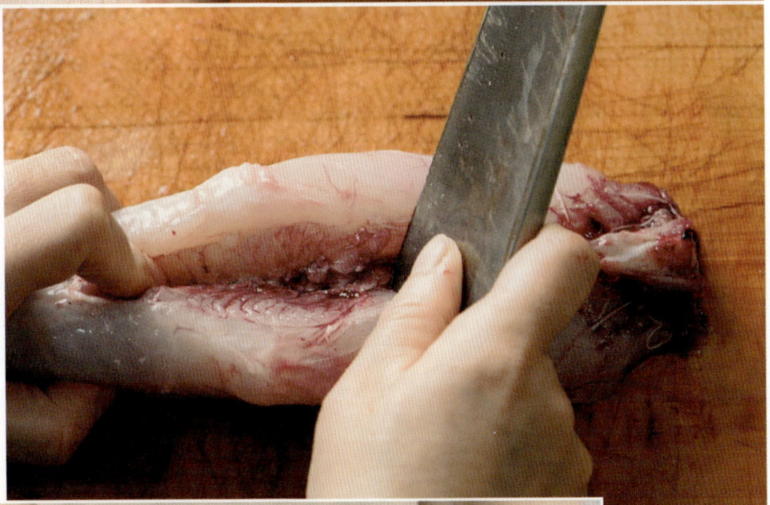

㊳ 피막을 긁고 난 몸통을 깨끗이 씻어낸다.

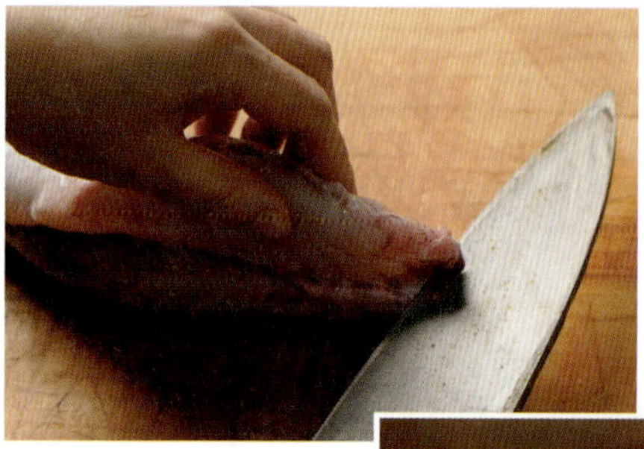

㊴ 머리 쪽부터 세장뜨기를 시작한다.

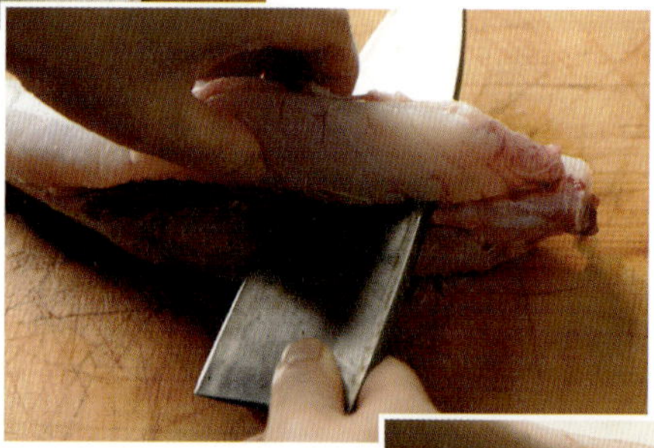

㊵ 칼을 뼈에 살짝 붙인 다는 느낌으로 꼬리 쪽을 향해 포를 뜬다.

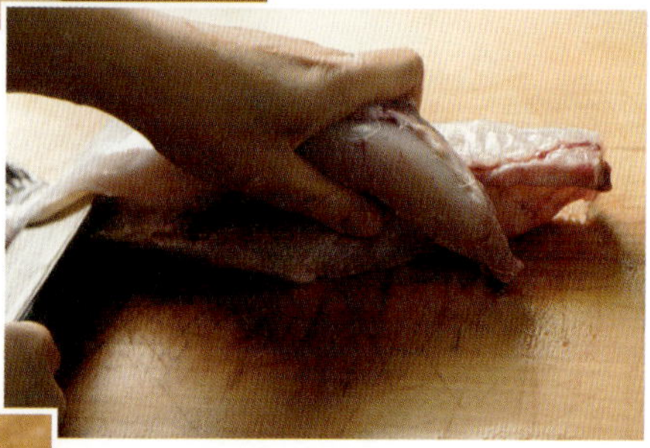

㊶ 꼬리 끝까지 포를 떠 완전히 분리한다.

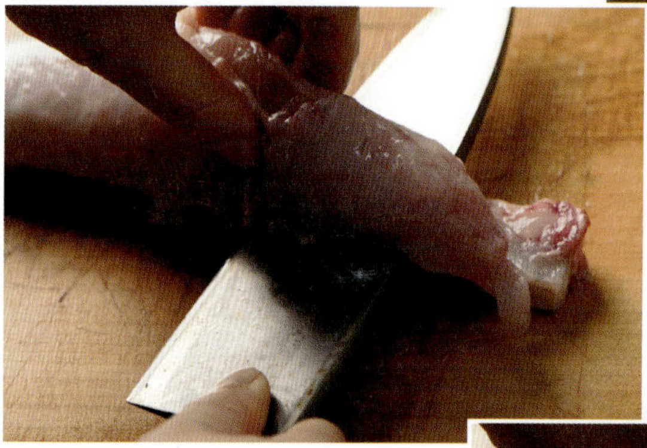

㊷ 뒤집어서 같은 방법으로 포를 뜬다.

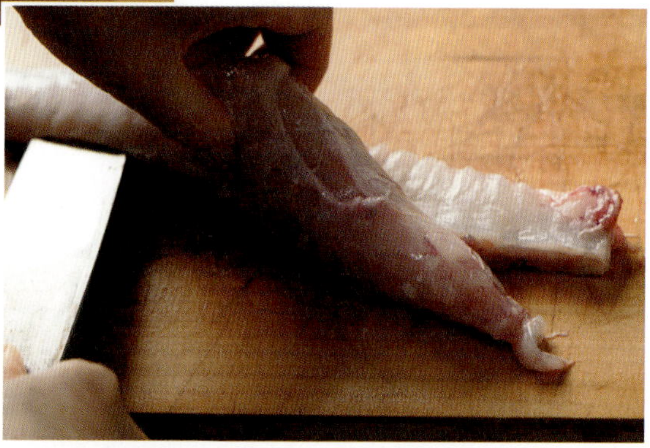

㊸ 꼬리 끝까지 포를 떠 완전히 분리한다.

㊹ 살 밖으로 돌출되어 있던 부분의 뼈는 잘라 내도 좋다.

㊺ 데바칼의 칼턱을 이용하여 피가 잘 빠지도록 뼈 중앙을 따라 칼집을 낸다.

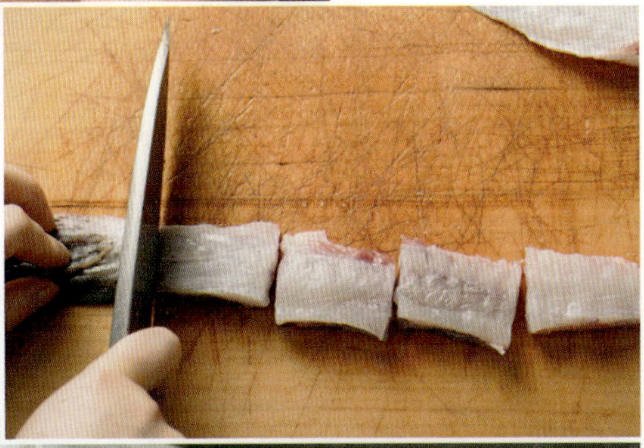

㊻ 등뼈를 5cm 정도로 토막 낸다.

㊼ 손질이 끝난 복어 뼈는 흐르는 물에 담가 핏물을 뺀다.

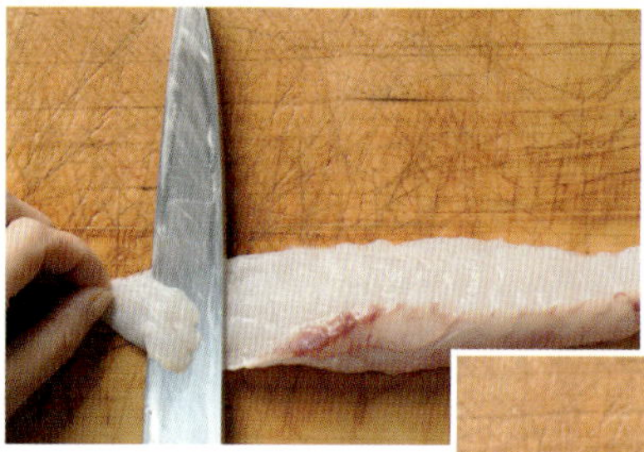

⑱ 꼬리 쪽에 있는 막을 칼로 저며낸다.

⑲ 꼬리를 오른쪽으로 돌려 놓고 살의 아래쪽 살껍질을 포를 뜨듯 벗긴다.

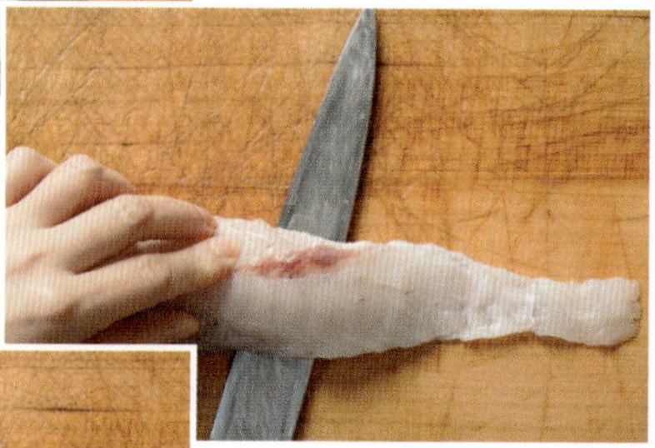

⑳ 칼을 위아래로 움직여 주면서 왼쪽으로 전진한다.

㉛ 복어의 크기에 따라 살껍질의 두께가 다름으로 주의하여 포를 뜬다.

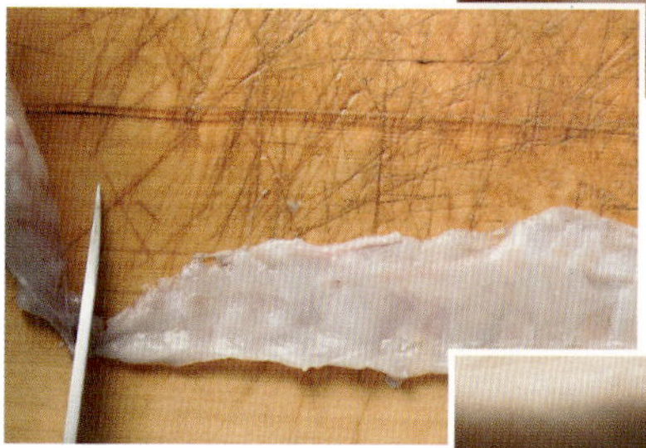

㉜ 살껍질을 끝까지 벗긴다.

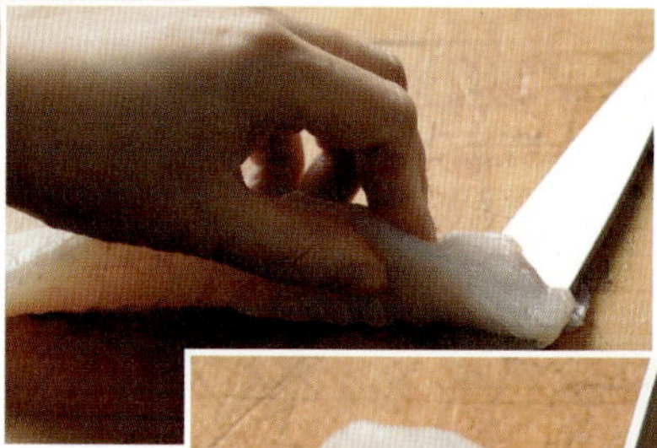

㉝ 내장 쪽 막을 도마에 붙이고 벗긴다.

㉞ 등지느러미살을 칼을 당겨 제거한다.

(55) 반대쪽도 꼬리 쪽에 있는 막을 칼로 저며낸다.

(56) 꼬리를 오른쪽으로 돌려 놓고 살의 아래쪽 살껍질을 포를 뜨듯 벗긴다.

(57) 칼을 위아래로 움직여 주면서 왼쪽으로 전진한다.

(58) 복어의 크기에 따라 살껍질의 두께가 다름으로 주의하여 포를 뜬다.

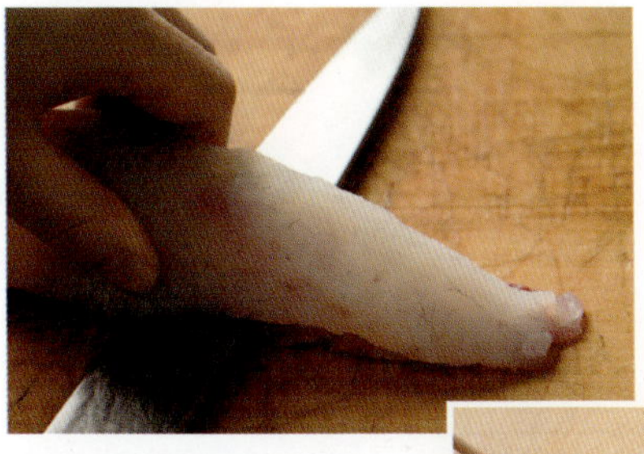

(59) 내장 쪽 막을 도마에 붙이고 벗긴다.

(60) 내장 쪽 막을 끝까지 벗긴다.

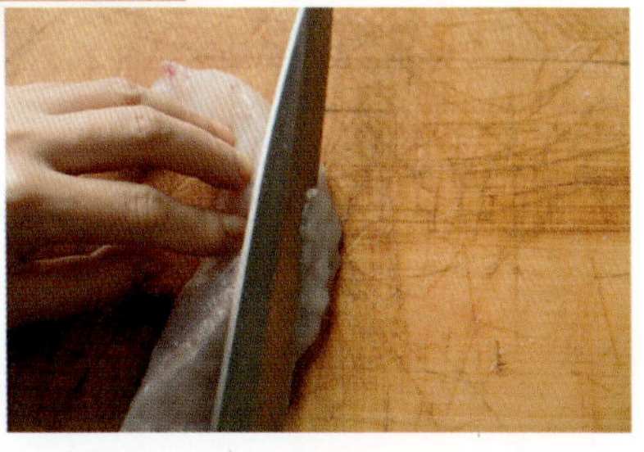

(61) 등지느러미살을 칼을 당겨 제거한다.

(62) 복어 살을 회가 일정하게 나오도록 마름질한다.

(63) 양쪽 모두 최대한 일자로 만든다.

(64) 복어 횟감의 윗면도 최대한 일정하게 맞춘다.

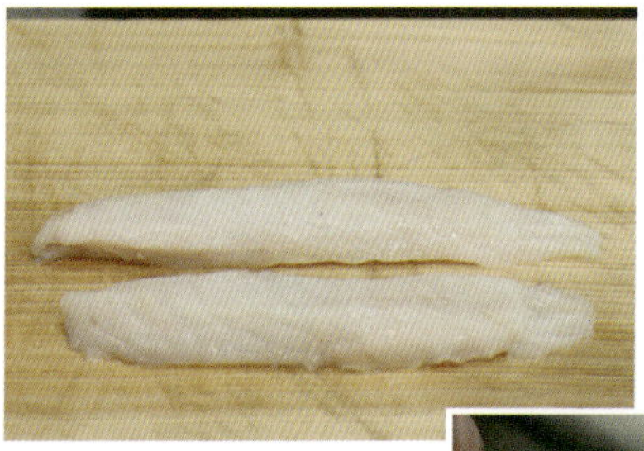

(65) 양쪽 모두 손질한다. 회의 크기에 따라 얇게 뜨기 위하여 횟감을 각각 2장으로 나누기도 한다.

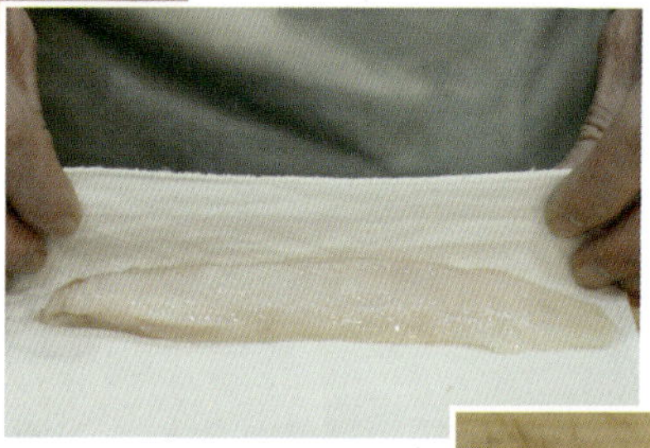

(66) 면포 등을 이용하여 싼다.

(67) 적당한 시간 동안 숙성하여 사용한다.

※ 복어살의 숙성은 복어 횟감을 전 처리한 후 4℃에서 24~36시간, 12℃는 20~24시간, 20℃는 12~20시간으로 숙성 보관한다.

Part Ⅲ

복어 기본조리

1. 채소 손질
2. 곁들임 및 양념장
3. 복어 회
4. 복어 껍질 손질

Part Ⅲ

복어 기본조리

1. 채소 손질

(1) 미나리

미나리는 복어회에 곁들일 용도면 마디가 없고 깨끗한 부분으로 골라 가지런히 정리해서 5cm 길이로 잘라 둔다. 복어 맑은탕이나 매운탕에 사용할 용도면 거머리 등 이물질이 있는지 주의 깊게 살펴보고 가지런히 정리해서 7cm 정도로 잘라 둔다. 복 껍질 무침에 사용할 용도라면 깨끗하게 손질해서 5cm 정도의 길이로 잘라 둔다.

(2) 당근

당근은 주로 맑은탕에 사용하는데, 반 정도 삶아 찬물에 식힌 후, 오각형으로 잘라 각 변의 가운데 홈을 파고 둥글게 다듬어서 벚꽃 모양으로 만든다.

(3) 무

무는 맑은탕이나 매운탕에 사용할 경우 삶아서 반달 모양으로 자른 다음 은행잎 모양으로 자른다. 회에 곁들이는 폰즈 소스의 야쿠미로 사용할 무는 깨끗이 손질해서 껍질을 벗기고 강판에 갈아서 빨간 고춧물을 들여 아카오로시를 만든다.

(4) 대파

대파는 주로 맑은탕이나 매운탕에 사용하는데, 어슷 썰기를 한다. 크기는 냄비의 크기나 맑은탕이나 매운탕에 사용하는 복어살의 크기 등을 고려하여 5~8cm 정도로 자른다.

(5) 표고버섯

표고버섯은 주로 맑은탕이나 매운탕에 사용하는데, 버섯의 갓 속에 흙이나 이물이 들어있지 않은지 잘 살펴 제거하고 갓의 중앙 부위에 별표 모양 칼집을 낸다.

(6) 실파

실파는 주로 폰즈의 야쿠미로 사용하거나 튀김(카라아게)에 사용한다. 송송 썰기를 하여 물에 헹구어 진액을 제거하고, 물기를 제거해 놓는다.

(7) 팽이버섯

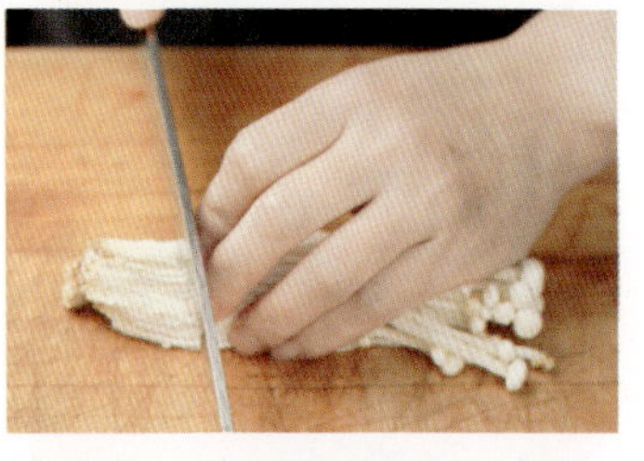

팽이버섯은 주로 맑은탕이나 매운탕에 사용하는데, 밑동을 잘라내고 가닥가닥 찢어 놓는다.

(8) 죽순

죽순은 맑은탕이나 매운탕에 주로 사용하며, 대부분 통조림으로 저장된 죽순을 사용하는데, 쌀뜨물에 삶아서 사용하며 죽순에 하얀 결정이 있으면 젓가락 등으로 긁어내고 빗살무늬를 잘 살려서 자른다. 밑동에 어린뿌리가 튀어나와 있으면, 돌려 깎기를 해서 깔끔하게 정리한다.

(9) 기타

맑은탕이나 매운탕에 미나리 대신 쑥갓이나 미츠바(참나물) 등을 곁들임 채소로 사용할 수도 있다.

2. 곁들임 및 양념장

1. 초간장

(1) 초간장의 정의

초간장은 폰즈(ポン酢)라고도 하며, 레몬, 라임, 오렌지, 유자, 카보스 등 감귤류의 과즙에 초산을 첨가하여 맛과 보존성을 높인 일본의 대표적인 조미료이다. 초산을 가하지 않은 감귤류의 과즙을 생폰즈라고 하고, 간장을 섞은 '폰즈 간장'을 일반적으로 '폰즈'라고 줄여서 말한다.

폰즈 간장은 감귤류의 즙에 간장을 더한 양념을 하며 식초와 맛술, 가츠오부시와 다시마 등의 국물을 더하기도 한다. 지리, 백숙, 샤브샤브 등의 냄비 요리와 생선회, 샤브샤브, 두부 요리, 생선구이, 찜, 초무침 등의 신맛이 어울리는 요리의 양념(たれ:타래)으로 사용한다.

(2) 초간장의 재료

❶ 가다랑어포(鰹節:가쓰오부시)

가쓰오부시는 가다랑어(참치)를 찌거나 삶아서 훈연, 건조하여 만든 것과 훈연시키면서 푸른곰팡이를 발생시킨 것으로 크게 나눌 수 있다. 푸른곰팡이를 피게 할 경우, 푸른곰팡이의 효소 작용으로 단백질이 분해되면서 이노신산이라는 가다랑어포의 독특한 감칠맛이 생성된다.

① 혼부시(本節)

대형 가다랑어(3kg이상)를 3장뜨기하여 필레를 만든 후, 옆줄을 중심으로 두 쪽으로 나누어서 만든 가쓰오부시를 말한다. 이 때, 등쪽을 오부시, 배쪽을 메부시라고 하는데, 오부시는 지방이 적어 좋은 다시를 낼 수 있기 때문에 일반적으로 많이 사용하고, 메부시는 감칠맛이 나는 다시를 뽑을 수 있다.

② 가메부시(龜節)

소형 가다랑어(3㎏이하)를 3장뜨기하여, 각각의 필레를 반으로 나누어 4등분을 하는데, 등 부분으로 만든 것을 오스부시, 배 부분을 메스부시라고 한다. 가메부시는 혼부시 보다는 풍미가 떨어지지만 가격이 저렴하여 맛국물용으로 많이 사용한다.

❷ 자츠부시(雑節)

가다랑어포 이외의 생선포를 말하며 고등어, 눈퉁멸, 물치다랑어, 멸치 등이 있다.

❸ 다시마(昆布:곤부)

건조가 잘되어 검은색이나 짙은 녹갈색인 것과 두껍고 하얀 염분 같은 것이 골고루 많이 묻어 있는 것이 좋다. 다시마의 흰 가루에는 감칠맛 성분인 글루탐산과 단맛을 내는 성분인 만니톨이 들어 있으며 물로 씻으면 표면에 붙어 있는 흰 가루가 없어짐으로 젖은 행주로 이물질을 닦아 낸 후 사용한다.

❹ 간장(醬油:쇼유)

간장은 음식의 간을 맞추는 기본양념의 하나로, 짠맛, 신맛, 단맛, 감칠맛이 어우러져 특유의 맛과 향이 있으며, 성분은 0.6~0.9%의 질소, 20% 내외의 염분, 1%의 당분, 10% 가량의 고형분을 함유한다. 쇼유(しょうゆ)는 대두와 밀, 소금을 주재료로 만든 발효 조미료로, 일본에서는 농도와 색에 따라 코이구치쇼유(진한 쇼유), 우스구치쇼유(연한 쇼유), 타마리쇼유(장기간 숙성시킨 진한 쇼유), 사이시코미쇼유(재양조한 쇼유), 시로쇼유(흰색 쇼유)로 구분된다. 또한 용도에 따라 사시미용, 면 요리용, 전골요리용 등 다양하다.

① 코이구치쇼유(濃い口醫油)]

진간장(こいくちしょゆ)은 밝은 적갈색으로서 고유의 향과 색이 진하다. 일본요리에 가장 많이 사용하는 간장으로, 일본 총 쇼유 생산량의 80% 이상을 차지하며 관동지방에서 생산량이 가장 많다. 염분량은 약 16%이며, 다시나 소스, 니모노(조림 요리), 야키모노(구이 요리) 등에 사용한다.

② 우스구치쇼유(薄口醬油)]

엷은 간장(うすくちしょうゆ)은 색이 엷고 독특한 냄새가 없으며 재료가 가지고 있는 색, 맛, 향을 잘 살리는 요리에 이용한다. 염분량은 18~19%로, 코이구치쇼유보다 약 2% 높다. 일본 쇼유 생산량의 13%를 차지하고 있으며 가쓰오다시를 사용하여 담백하게 요리하는 관서지방에서 많이 사용한다. 주로 생선이나 채소 등 재료가 가지고 있는 본연의 맛이나 색을 살려서 조리하고자 할 때나 시루모노(しるもの; 국물 요리), 니모노(にもの; 조림 요리), 가케우동(かけうどん)의 츠유(つゆ; 장국 국물) 등에 사용하기 적합하다.

③ 타마리쇼유(溜り醬油)

타마리간장[타마리쇼유(たまりしょうゆ)]은 밀을 사용하지 않고 대두만을 삶아 빻은 다음 코지균과 소금물을 넣어 장기간(1년간) 그대로 숙성시켜 만든 간장으로, 흑색을 띠며, 부드럽고 진하다. 단맛을 띠고 특유의 향이 있으며, 염분량은 코이구치쇼유와 비슷하다. 사시미나 센베이 등에 발라 굽는 용도로 적합하며, 깊은 맛과 윤기를 낸다.

④ 나마쇼유(生醫油)

나마쇼유(なましょうゆ)는 열을 가하지 않은 간장으로 향기와 풍미가 매우 좋고, 오래 끓여도 향이 날아가지 않는 특징이 있다. 서늘한 곳이나 냉장고에 보관한다.

⑤ 시로쇼유(白醫油)

시로쇼유(しろしょうゆ)는 투명하고 황금에 가까운 색을 띠며 향이 매우 우수하다. 밀을 주재료로 하고 소량의 대두를 사용하여 저온에서 단기간 발효시켜 만들며 색이 엷고 변하기 쉬우므로 오래 보관하는 것은 피하는 것이 좋다. 일본 쇼유 생산량의 약 1%를 차지하고 있으며, 염분량은 12~16%로 비교적 높아 재료 본연의 색을 살리면서 요리의 맛을 충분히 내는 고급 요리에 이용된다.

⑥ 사이시코미쇼유(再仕込み醫油)

사이시코미쇼유(さいしこみしょうゆ)는 쇼유를 두 번 양조하여 만든 재양조한 쇼유로 색이 짙고 농후한 맛을 지닌다. 일본 쇼유 생산량의 1%를 차지하고 있으며 염분량은 약 16%이다. 회나 초밥을 먹을 때 사용한다.

⑦ 간로쇼유(甘露醫油)

간로쇼유(かんろしょうゆ)는 간로(甘露)는 중국 전설에서 천자가 인정(仁政)을 베푸는 동안 하늘이 내렸다는 달콤한 이슬이라는 뜻으로 단맛, 향기가 우수하다. 일본관서(關西) 지방에서는 사시미(刺身)나 신선한 재료를 찍어 먹는 간장 또는 곁들임에 사용된다. 일본 야마구치현(山口県) 야나이시(柳井)의 특산물로서 열을 가하지 않은 진간장을 거듭 양조한 것이다.

❺ 식초(酢:스)

식초(す)는 곡류, 알코올, 과실 등을 원료로 초산을 발효시킨 양조식초와 화학적인 방법으로 만들어진 빙초산을 희석하여 만든 합성식초로 나눌 수 있다. 양조식초는 풍미를 가지고 있으며 열을 가해도 풍미가 남아있고, 합성식초는 코끝이 찡한 자극이 있고, 가열하면 풍미는 없어지고 산미만 남는다. 산성 식품인 식초는 방부 효과가 있어 식품을 저장할 때도 사용하고, 소스와 샐러드의 드레싱을 만들 때나 음식의 맛을 돋울 때 사용된다. 생선의 비린내를 제거할 때나 피클이나 장아찌를 만들 때도 사용한다.

❻ 유자(ゆず)

유자의 과육은 산도가 높아 생식으로는 어울리지 않지만 향이 좋아서 향신료로 사용한다. 유자는 6월경에 작은 녹색 열매로 열리고, 초가을이 되면 조금 커져 청유자가 된다. 11월경에 노란색으로 바뀌어 노란 유자가 되는데, 특히 노란 유자는 껍질과 과육을 따로 모두 향신료로 사용하며, 청유자는 반달썰기를 하여 통째로 사용한다. 유자나무는 껍질이 울퉁불퉁하고 신 맛이 강하고, 향이 좋아 향신료로 많이 사용한다. 가늘게 채를 썰거나 오리발 모양 등을 사용하며 유자즙도 유자초라고 하여 향이 아주 좋다.

❼ 레몬

레몬은 비타민 C가 많아 감기를 예방하고 피부 트러블에도 효과가 있다. 구연산을 함유하고 있어 레몬의 구연산은 피로회복에 도움이 된다. 신맛이 강한 레몬은 익으면 노란색으로 되며 향기와 신맛이 강하다.

식초와 음료 등의 원료로 사용되고, 잘라서 생선회, 구이 요리, 튀김 요리 등의 곁들임 재료로 사용되며 생선의 비린내를 제거하거나 맛을 살릴 때 사용하기도 한다.

❽ 카보스(かぼす)

유자의 일종으로 일본 오오이타현의 특산품이다. 칼륨, 비타민 C가 풍부하며 일본 요리에 잘 어울리며 과즙은 국물 요리, 복어 요리 등에 넣고, 껍질은 말려서 향신료 재료로 사용한다.

❾ 영귤(스다치)

비타민 C가 풍부한 알갱이가 작은 열매이며, 감기 예방이나 피부 미용에 좋다. 지나치게 익으면 향이 줄어들고 신맛이 강해진다. 생선회, 생선구이, 국물 요리에 즙을 짜서 뿌려먹는다.

(3) 초간장 만들기

① 다시마와 가쓰오부시를 이용하여 다시국물을 만든다.
② 만들어 놓은 다시와 간장, 식초, 레몬 등을 섞는다.
③ 혼합한 초간장에 가쓰오부시를 넣고 숙성한다.
④ 하루 정도 숙성한 후 면포를 이용하여 걸러 낸다.

2. 양념

(1) 양념 재료

일본 요리에서는 생선에 따라서 무로 만든 즙(다이콘 오로시)이나 생강즙(쇼가 오로시), 고추냉이를 강판에 갈아서 만든 즙(와사비)을 함께 낸다. 이들을 총칭해서 '오로시'라고 하며 각각의 오로시의 역할은 생선에 따라 다르다. 이 역할은 살펴보면 생선 특유의 냄새제거, 해독 작용, 풍미 증강 등 세 가지를 꼽을 수 있다.

① **무**(大根:다이콘)

뿌리에는 소화 효소를 비롯하여 암을 예방하는 비타민 C, 고혈압 예방에 효과적인 칼륨이 풍부하며, 껍질에는 모세 혈관을 튼튼하게 만드는 루틴(비타민 p)도 들어 있다. 또한, 잎은 훌륭한 녹황색 채소로 카로틴과 칼슘이 풍부하고, 뿌리에 들어 있는 소화 효소 아밀라아제는 위장활동을 조절하는 효과가 있는데 위장약 등에도 들어 있는 성분이다. 조림, 초회, 무즙, 생선회의 곁들임 등에 사용한다.

② **실파**(ワケギ:와케기)

파의 품종으로서 실처럼 가늘고 부드러우며 선명한 녹색이 특징이다. 대파나 쪽파에 비해 쓴맛이 덜해 송송 썰어 양념이나 곁들임에 많이 사용한다.

③ **고춧가루**(唐辛子粉:도오가라시)

고추를 말려 빻은 가루로 음식에 매운맛과 붉은 색을 내기 위해 사용하는 향신료이다.

(2) 양념 만들기

① 무는 껍질을 제거하고, 강판에 곱게 갈아 물에 헹구어 무의 향을 제거한다.
② 무 오로시와 고춧가루를 섞어 모미지오로시를 만든다.
③ 실파를 송송 썰어 물에 헹구어 진액을 제거한다.
④ 레몬은 반달 모양으로 썬다.

3. 그릇에 초간장 및 양념을 담아낸다.

3. 복어 회

1. 복어 횟감 준비

(1) 복어 세장뜨기

① 세장뜨기(삼마이오로시 : さんまいおろし)

세장뜨기는 기본적인 생선 포 뜨기의 한 가지 방법으로 생선을 위쪽 살, 아래쪽 살, 중앙 뼈의 3장으로 나누는 것을 말한다. 생선의 중앙 뼈에 붙어 있는 살의 뼈를 아래에 두고, 이 뼈를 따라서 칼을 넣고, 살을 분리한다.

② 다이묘포뜨기(다이묘오로시 : だいみょおろし)

다이묘 포 뜨기는 세장뜨기의 한 가지로 생선의 머리 쪽에서 중앙 뼈에 칼을 넣고 꼬리 쪽으로 단번에 오로시하는 방법이다. 이 방법은 세장뜨기에 비해 뼈에 살이 많이 남아 있어 사치스럽게 오로시한다는 의미에서 大名(다이묘:10세기에서 19세기에 걸쳐 일본 각 지방의 영토를 다스리며 권력을 누렸던 영주)라 이름을 붙였다. 작은 생선에 주로 이용되며 보리멸, 학꽁치 등에 적당하다.

(2) 복어 횟감 마름질

세장뜨기 한 복어살은 이물질 및 막을 제거하고, 회를 일정하게 뜨기 편하도록 마름질하여 면포 등에 싸놓는다.

(3) 복어 살의 숙성

생선회를 먹을 때는 육질의 단단한 정도, 회 고유의 맛과, 감칠맛 등이 생선회의 맛을 판별하는데 큰 영향을 미친다. 대체적으로 광어, 도미, 복어 등과 같은 흰살생선이 쫄깃쫄깃한 육질을 갖고 있다. 어육에는 근기질 단백질의 일종인 콜라겐이 존재하는데, 육질이 단단한 어종일수록 콜라겐의 함량이 높고 콜라겐은 세포와 세포를 연결시켜주는 역할을 한다.

어종에 따라 육질의 단단함의 정도는 차이가 크다. 육질이 연한 생선은 사후에 바로 연해지고, 복어처럼 육질이 단단한 생선은 바로 연해지지 않는다. 복어살의 숙성은 복어 횟감을 전 처리한 후 4℃에서 24~36시간, 12℃는 20~24시간, 20℃는 12~20시간으로 숙성 보관한다.

2. 복어 회 썰기

(1) 생선회 써는 법

생선회는 사시미칼을 사용해 생선이 가지고 있는 특징을 얼마만큼 잘 살려 써느냐에 따라 맛이 달라진다. 붉은살 생선인 참치나 방어 같은 생선은 약간 두껍게 썰어야 생선의 고소한 맛을 즐길 수 있고, 흰살생선은 얇게 썰어야 생선의 쫄깃함과 담백한 맛을 느낄 수 있다.

(2) 얇게 썰기(우스즈쿠리:薄造り)

얇게 썰기는 복어처럼 살에 탄력이 있는 흰살생선을 최대한 얇게 써는 방법으로 높은 기술을 요구한다. 얇게 썰어야 하기 때문에 선도가 좋지 않는 생선으로는 안 되며 살아 있는 생선으로 얇게 썰어야 한다. 생선살을 얇게 잘라 국화모양, 모란꽃모양, 학모양, 공작모양 등을 만들기도 한다.

(3) 복어 회 써는 방법

① 도마 표면에 이물질이 묻었는지 확인하고 젖은 행주를 준비하여 칼을 닦으면서 작업할 수 있도록 준비한다.

② 복어 살을 왼쪽 집게손가락으로 살짝 눌러 고정시키고, 칼날 전체를 사용하여 비스듬하게 위에서 아래로 당기는 기분으로 잘라 낸다.

③ 복어는 결의 반대 방향으로 폭 2~3㎝, 길이 6~7㎝가 되도록 자른다.

④ 일정한 크기로 회를 썰기 위해 회의 폭이 좁아지면 칼을 눕히고, 넓어지면 칼을 세운다. 길이가 짧아지면 칼의 각도를 오른쪽으로 돌리고(복어 살과 각도를 줄이고), 길이가 길어지면 칼의 각도를 왼쪽으로 돌린다(복어 살과 각도를 늘린다.).

⑤ 잘린 회의 크기가 일정한지 확인하여, 회의 모양과 크기가 일정하게 회를 잘라, 접시를 시계방향으로 돌리면서 회를 담는다.

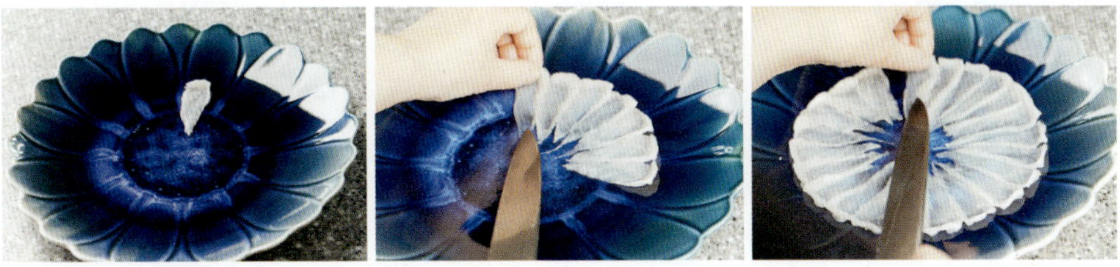

⑥ 복어 회를 자를 때 물기가 많으면 행주로 닦아 주고, 칼에 묻은 복어 살의 찌꺼기들도 젖은 행주로 닦으면서 회를 잘라 낸다.

⑦ 손과 칼의 청결함을 유지하면서 작업을 진행한다.

(4) 복어 회 모양내기

❶ 복어 회 펼쳐 담기

① 자른 복어 회를 왼손 엄지와 검지로 잡아 회 모양 그대로 펼쳐 담는다.

펼친 회

❷ 복어 회 끝부분 접기

① 자른 복어 회를 왼손의 엄지와 검지로 끝부분이 접히도록 잡는다.

② 접시에 담을 때는 접은 끝선이 일정하게 되도록 맞춰 담는다.

접은 회

❸ 복어 회 삼각 접기

① 자른 복어 회를 왼손의 엄지와 검지로 끝부분이 접히도록 잡는다.
② 접힌 부분의 오른쪽 꼭짓점 부분이 가운데로 오도록 왼쪽으로 살짝 돌린다.
③ 회 끝부분이 뾰족한 삼각형이 되도록 엄지와 검지로 잡은 부분을 바닥에 붙인다.
④ 회 모양이 끝 부분이 뾰족한 삼각형이 되도록 한다.

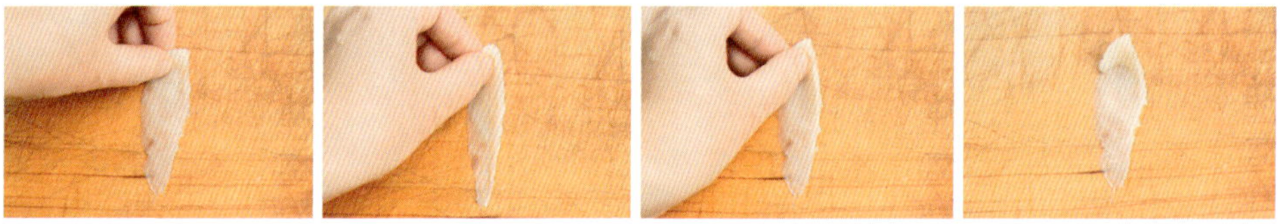

삼각 접기

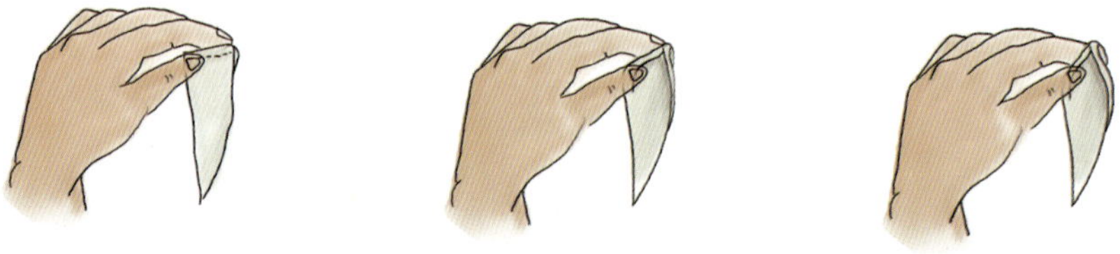

3. 복어 회 담기

복어 회는 원형 접시에 생선회를 평평하게 펼쳐 담는 펼쳐 담기 '베타모리(べた盛り)'를 한다. 담는 모양에 따라, 국화 모양 담기, 학 모양 담기, 모란꽃 모양담기, 공작 모양 담기가 있다.

(1) 국화모양 담기

복어 회를 얇고 길게 잘라 원형 접시에 국화꽃 모양으로 둥글게 돌려 담는 방법으로 키쿠모리(菊盛り)라고 한다. 회를 담는 방법은 회를 얇게 잘라, 왼손의 엄지와 검지로 잡아, 접시의 중심을 지나 회의 아랫부분이 접시의 중심을 향하도록 담는다. 접시를 시계방향으로 회의 폭 만큼 돌려 같은 방법으로 계속 같은 자리에 회를 놓아, 전체적으로 균형 있는 원형 모양이 되도록 담는다.

(2) 학모양 담기

복어 회를 학 모양으로 담는 방법으로, 접시의 바깥쪽부터 회를 담고, 접시를 시계 방향으로 돌려 회가 반시계방향이 되도록 담는다. 접시의 2/3정도 담으면 바깥쪽 회의 안쪽에 같은 방법으로 담아 학의 날개모양을 만든다. 날개모양이 완성되면, 남은 살로 학의 목을 만들고, 빨간 무즙을 이용하여 학의 머리를 장식하고, 지느러미를 이용하여 학의 부리를 만든다. 전체적인 균형을 고려하여 담아야한다.

(3) 모란꽃 모양 담기

복어 회를 모란꽃 모양으로 담는 방법으로, 회를 접시 바깥쪽부터 가로 방향으로 담아 전체적으로 균형 있는 원형이 되도록 담는 방법이다.

(4) 공작모양 담기

회를 공작모양으로 담는 방법으로, 길고 아름다운 깃털의 모양이 표현되도록 담는 방법이다. 공작의 깃털모양이 표현되도록 꽃잎이나 대파 등으로 장식한다. 공작을 모티브로 한 디자인 복어 회로, 공작의 길고 아름다운 깃털을 표현한 요리이다.

4. 곁들임 재료

① 복어 껍질

복어 껍질은 데쳐 충분히 식힌 후 평평하게 펴서 사용한다. 복어 껍질은 5cm 정도 길이로 일정하게 잘라 곁들인다.

② 미나리

잎과 뿌리를 제거하고 5cm 정도 길이로 잘라 접시에 담아낸다.

③ 야쿠미(薬味 : 양념)

양념 그릇에 잘게 썰어 진액을 씻어낸 실파, 무를 갈아 고춧가루 물을 들인 빨간 무즙(もみじおろし)을 담고, 반달모양으로 자른 레몬을 올려 준다.

④ 폰즈(ポン酢)

폰즈는 감귤류를 짜낸 즙에 진간장, 미림, 청주 등을 잘 혼합하여 숙성한 소스이다. 보통 유자를 사용하지만, 유자대신에 스다치(酢だち : 초귤)을 사용하기도 한다. 광어, 복어, 도미 등 흰살 생선에 잘 어울리는 소스이다.

4. 복어 껍질 손질

1. 껍질 및 피하 조직(皮·皮下組織)

껍질은 자주복(トラフグ), 참복(カラスフグ), 까치복(シマフグ), 민밀복(カナフグ), 은밀복(シロサバフグ), 흑밀복(クロサバフグ), 불룩복(ヨリトフグ), 강담복(イシガキフグ), 가시복(ハリセボン), 리투로가시복(ヒトヅラハリセボン), 잔점박이가시복(ネズミフグ) 등 11종류 이외에는 식용이 불가하다.

가장 바깥쪽의 피부는 상어 가죽(鮫皮), 안쪽 피하 조직은 토토미(とおとうみ)라고 하여 먹을 수 있는 부위지만, 점막이 많기 때문에 잘 제거하여야 한다. 그리고 살에서 벗겨낸 막을 살껍질(身皮)이라고 한다.

2. 복어 껍질 벗기는 손질 방법

복어 껍질은 검은 껍질(黑皮 : くろかわ)과 흰 껍질(白皮 : しろかわ)로 나눌 수 있다. 껍질 벗기는 방법은 두 장으로 잘라 펼치는 관동식과 한 장으로 통째로 벗기는 관서식이 있다. 복어는 먼저 표면의 이물질을 깨끗이 닦아내고, 한 장 또는 두 장으로 껍질을 벗기고, 겉껍질과 속껍질을 데바칼을 이용하여 분리한다.

복어의 껍질에는 미끈미끈한 점액질이 많고 냄새가 많이 나기 때문에, 굵은 소금으로 잘 문질러 씻고, 맑은 물에 헹구어 사용한다.

복어의 껍질은 겉껍질과 속껍질을 데바 칼로 깨끗이 긁어내어 분리하고, 복어의 겉껍질을 도마에 밀착시켜 사시미칼로 껍질의 가시를 제거한다. 손으로 만져보아 가시가 완전히 제거되었으면, 끓는 물에 소금을 넣고, 무르도록 삶아 얼음물에 식힌 후, 물기를 제거하고 쿠시(串)에 끼우거나, 펀펀하게 만들어, 냉장고에서 꼬들꼬들하게 건조시킨다. 젤라틴 성분이 많으므로 차게 보관하여야 한다.

사용하기 전에 꺼내어 무침 등 용도에 맞게 얇게 썰어 사용한다. 복어 껍질에는 콜라겐이 다량 포함되어 있어, 뼈와 연골, 피부에 좋은 효과가 있으나, 껍질에 있는 가시를 제거하는 것이 중요하다. 손질된 껍질은 복어 회에 곁들이거나, 무침요리(아에모노), 굳힘요리(니코고리) 등에 사용한다.

(1) 껍질 벗기기

① 복어에서 지느러미를 모두 제거하고, 입을 자른다.

② 머리 옆 껍질을 자르고, 몸통 옆 껍질을 자른다.

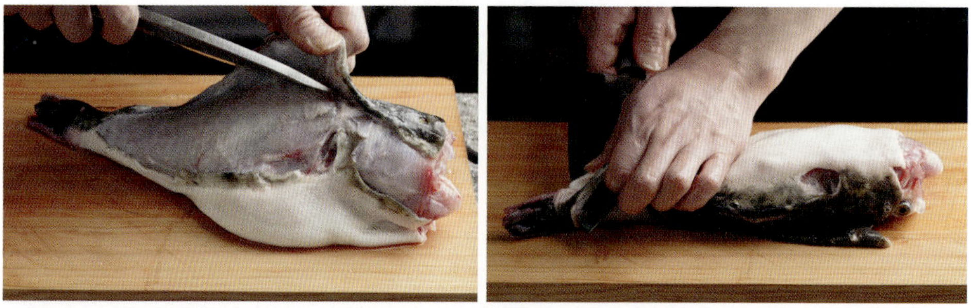

③ 껍질과 살 사이를 저미고, 꼬리 쪽 껍질을 잘라 분리한다.

④ 내장과 껍질이 붙어 있는 곳에 칼집을 넣어 분리하고, 꼬리를 누르고 껍질을 당겨 벗긴다.

(2) 한 장으로 벗긴 껍질 가시 제거

① 한 장으로 분리한 껍질

② 속껍질 분리하기

③ 등껍질 가시제거

④ 배껍질 가시제거

(3) 두 장으로 벗긴 껍질 가시 제거

① 두 장으로 벗긴 껍질에서 등껍질의 속껍질을 분리한다.

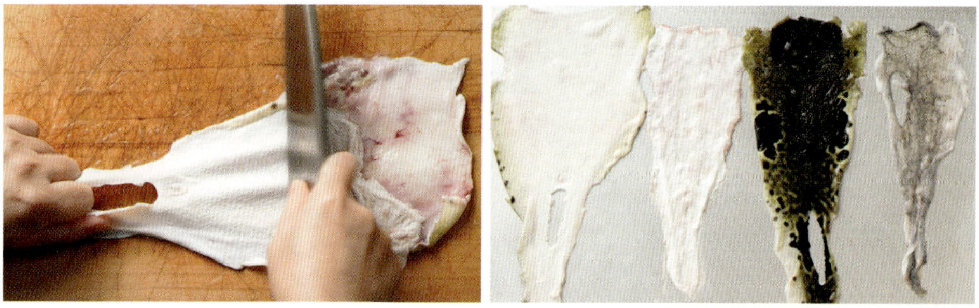

② 배껍질도 속껍질을 분리한다.

③ 등껍질을 도마에 완전히 밀착시키고 사시미칼을 위아래로 움직이며 가시를 제거한다.

④ 가시가 만져지지 않을 정도로 가시를 완전히 제거한다.

⑤ 배껍질을 도마에 완전히 밀착시키고 사시미칼을 위아래로 움직이며 가시를 제거한다.

⑥ 가시가 만져지지 않을 정도로 가시를 완전히 제거한다.

3. 복어 껍질의 구조 및 껍질 밀기

(1) 껍질의 구조

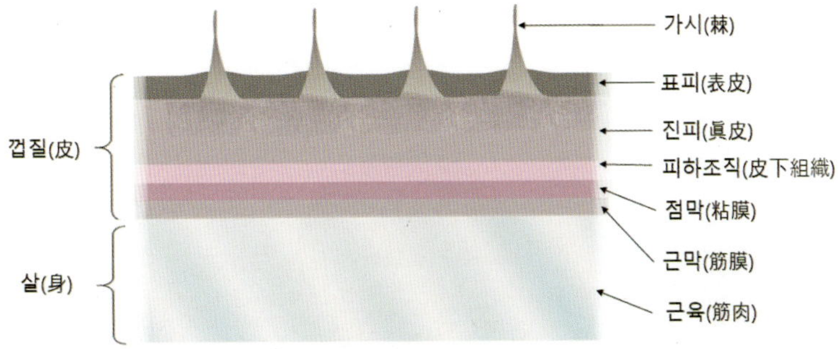

(2) 껍질 밀기

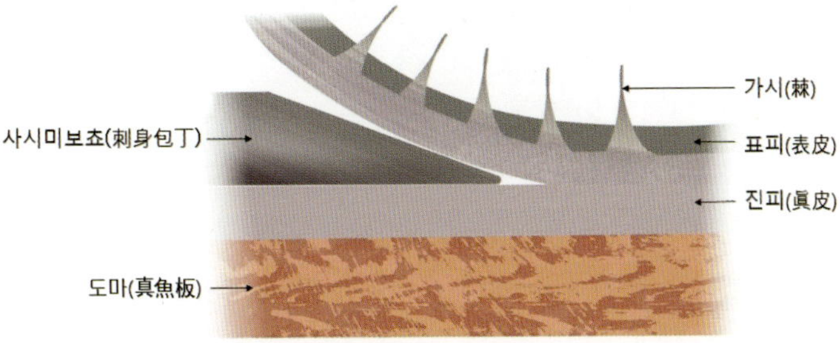

복어의 껍질에서 속껍질(皮下組織)을 분리하고, 껍질을 도마에 밀착시켜, 사시미칼을 위아래로 움직여, 복어껍질의 표피부분과 진피부분을 분리한다는 생각으로 가시를 제거한다.

복어를 조리할 때에는 위생과 안전,
특히 제 독에 유의하여야 합니다.

Part Ⅳ

Part Ⅳ

복어 요리

1. 복어껍질 굳힘(にこごり)
2. 복어껍질 무침
3. 복어 지느러미술(鰭酒:ひれざけ)
4. 정소술(白子酒:しらこざけ)
5. 복어 살술(身酒:みざけ)
6. 복어 데리야키(てりやき)
7. 복어 유안야키(ゆうあん-やき)
8. 복어 불고기
9. 복어 튀김(からあげ)
10. 복어 술찜
11. 복어 수육
12. 복어 쥠 초밥(にぎり寿司)
13.복어 군함 초밥(ぐんかんまき)
14. 복어 말이 초밥(ほそまき)
15. 구슬 초밥(手まり寿司)
16 복죽(오카유)
17. 복죽(조우스이)
18. 복어 맑은탕
19. 복어 샤브샤브
20. 복어 센베이(せんべい)
21. 복어 타다키(たたき)

01 복어껍질 굳힘(にこごり)

지급 재료

복어껍질 ⅓마리, 생강 5g, 실파 1줄기, 젤라틴 10g(또는 판 2장), 간장 5㎖, 청주 5㎖, 맛술 5㎖, 다시마(5×10cm) 1장, 청차조기잎(시소) 1장, 가쓰오부시 10g, 소금 2g

조리 방법

1. 냄비에 물과 다시마를 넣고, 물이 끓기 시작하면 다시마는 건져내고, 가다랑어포를 넣고 불을 끄고, 국물이 우러나면 체에 걸러 놓는다.
2. 찬물 100ml에 젤라틴(판 2장 또는 가루 10g)을 불려 놓는다.
3. 데친 복어 껍질을 채 썰어 놓는다.
4. 냄비에 맛국물 200ml, 불린 젤라틴, 채 썬 껍질, 간장, 청주, 맛술 1t씩, 소금 약간을 넣고, 150~200ml 정도 남을 때까지 졸인다.
5. 생강은 가늘게 채 썰고, 실파는 송송 썰어 각각 찬물에 헹구어 놓는다.
6. 졸여진 국물에 생강 채(はりしょうが)를 넣어 식힌다.
7. 국물이 어느 정도 식으면 실파를 넣는다.
8. 충분히 식으면 나가시깡이나 굳힘틀에 붓고 냉장고에서 굳힌다.
9. 니코고리가 굳으면, 적당한 크기로 잘라, 접시에 시소(깻잎)을 깔고, 담아낸다.

※ 굳힘 요리에는 재료를 이기거나 개어서 굳히는 방법으로 만드는 네리모노(練り物)와 한천, 젤라틴, 전분 등을 끓여 틀에 붓고 굳힌 요리인 요세모노(寄せ物)가 있다.

02 복어껍질 무침

지급 재료

복어껍질 ½마리, 무 100g, 실파 1줄기, 미나리 2줄기, 고운고춧가루 10g, 다시마(5×10cm) 1장, 가쓰오부시 5g, 간장 20㎖, 식초 20㎖, 청차조기잎(시소) 1장

조리 방법

1. 냄비에 물과 다시마를 넣고, 물이 끓기 시작하면 다시마는 건져내고, 가다랑어포를 넣고 불을 끄고, 국물이 우러나면 체에 걸러 1번 다시를 만든다.
2. 간장 1T, 식초 1T, 다시물 1T를 섞어 폰즈를 만들어 놓는다.
3. 무를 강판에 갈아 고운 고춧가루로 모미지오로시(빨간 무즙)를 만들고, 실파를 송송 썰어 찬물에 헹구어 놓는다.
4. 미나리는 4cm 정도 길이로 썬다.
5. 데친 껍질은 4cm 정도 길이로 채 썰어 놓는다.
6. 채 썬 복어 껍질, 미나리, 모미지오로시, 실파, 폰즈를 섞어 접시에 시소(깻잎)을 깔고 담아낸다.

※ 무침요리는 재료와 양념의 맛과 색이 조화되도록 한다. 주재료는 재료별로 미리 손질을 해두고 요리를 내기 바로 전에 필요한 만큼 섞어서 무친다. 미리 무쳐 두면 수분이 나오는 경우가 있어 색과 맛이 떨어진다.

03 복어 지느러미술(鰭酒:ひれざけ)

지급 재료

복어지느러미 1~2개, 청주(사케) 200㎖

조리 방법

1. 지느러미를 소금으로 문지른 다음 물로 씻어 소금기와 점액질을 깨끗이 제거한다.
2. 지느러미를 완전히 건조한다.
3. 석쇠 등을 이용하여 지느러미를 갈색이 나도록 앞뒤로 굽고, 탄 부분은 제거한다.
4. 청주(사케)를 중탕으로 75~80℃정도로 데운다(알코올이 끓지 않도록 한다.).
5. 청주잔에 데운 청주와 구운 지느러미를 넣고 맛이 우러나면 음용한다.

※ 복어의 지느러미(ひれ)

복어는 배지느러미가 없고 가슴지느러미 2개, 등지느러미 1개, 뒷지느러미 1개, 꼬리지느러미 1개로 총 5개의 지느러미를 가지고 있다. 지느러미는 술을 만드는데 주로 이용되지만, 껍질의 독성에 따라 껍질을 먹을 수 있는 복어의 지느러미만 사용해야 한다.

04 정소술(白子酒:しらこざけ)

지급 재료

복어정소(중) ½개, 청주 200㎖

조리 방법

1. 정소를 양쪽으로 분리하여 점막 등 이물질을 제거한다.
2. 정소에 붙어 있는 핏줄을 예리한 칼이나 바늘을 이용해서 제거한다.
3. 차가운 물에 청주를 넣고 1시간 이상 담가 피를 빼준다.
4. 정소를 건진 다음 흐르는 물에 담가 제독 처리한다.
5. 정소를 쇠꼬챙이나, 살라만더를 이용하여 갈색이 나도록 골고루 굽는다.
6. 청주(사케)를 중탕으로 75~80℃정도로 데운다.
7. 구워진 정소를 체에 넣고 내려 청주잔에 넣는다.
8. 데운 청주를 청주잔에 넣고, 잘 섞어준다.

05 복어 살술(身酒:みざけ)

지급 재료

복어살 50g, 청주 200㎖

조리 방법

1. 복어 살을 얇게 저며 썬다.
2. 복어 살에 소금을 뿌려두었다가, 물에 씻어 물기를 제거한다.
3. 석쇠에 포일을 깔고, 앞뒤로 갈색이 나도록 청주를 발라가며 굽는다.
4. 청주(사케)를 중탕으로 75~80℃정도로 데운다.
5. 청주잔에 잘 구워진 복어살 3~4개를 넣고, 데운 청주를 넣고 맛이 우러나면 살을 건져내고, 음용한다.

06 복어 데리야키(てりやき)

지급 재료

복어 1/2마리, 무 50g, 레몬 1/4개, 차조기잎(깻잎) 1장, 대파 30g, 생강 20g, 간장 30㎖, 청주 30㎖, 맛술 30㎖, 식초 30㎖, 설탕 50g, 소금 5g

조리 방법

1. 손질된 복어를 2장뜨기(몸통의 한쪽은 뼈를 붙이고, 한쪽은 살만 있도록 손질 한 것)하여, 살에 칼집을 넣고, 적당한 크기로 자른다.
2. 대파와 생강을 구워 놓는다.
3. 데리야끼 소스는 냄비에 간장 2T, 청주 2T, 맛술 2T, 설탕 2T, 다시물(물) 6T, 구운 대파, 구운 생강을 넣고 반 정도 졸인다.
4. 복어를 석쇠 등을 이용하여 굽는다.
5. 복어살이 어느 정도 익으면 데리야키 소스를 바르면서 구워낸다.
6. 무꽃, 레몬 등을 곁들인다.

07 복어 유안야키(ゆうあん-やき)

지급 재료

복어 1/2마리, 레몬 1/6개, 유자 1개, 연근 30g, 차조기잎 1장, 간장 50㎖, 청주 50㎖, 맛술 50㎖, 식초 30㎖, 설탕 30g, 소금 5g

조리 방법

1. 손질된 복어를 2장뜨기(몸통의 한쪽은 뼈를 붙이고, 한쪽은 살만 있도록 손질 한 것)하여, 살에 칼집을 넣고, 적당한 크기로 자른다.
2. 간장, 청주, 맛술 동량에 유자(레몬)즙을 넣고 유안지를 만들어 복어를 절여놓는다.
3. 절여진 복어는 채에 받쳐 양념을 뺀다.
4. 쇠꼬챙이에 꽂거나, 석쇠를 이용하여 굽는다.
5. 접시에 담고, 차조기잎, 연근초절임, 레몬 등을 곁들인다.

08 복어 불고기

지급 재료

양파 ¼쪽, 당근 20g, 표고 1개, 실파 1줄기, 간장 20ml, 청주 20ml, 맛술 20ml, 설탕 10g, 다진 마늘 5g, 후춧가루 2g

조리 방법

1. 손질된 복어를 2장뜨기 하여, 살에 칼집을 넣고, 적당한 크기로 자른다.
2. 볼에 간장 1T, 청주 1T, 맛술 1T, 설탕 1/2T, 다진 마늘 1t, 후추 약간을 넣고, 섞어 만들어 놓는다.
3. 준비한 복어를 양념에 재워 맛을 들인다.
4. 표고는 얇게 슬라이스 하고, 실파는 4cm 길이로 썬다.
5. 양파는 길이 4cm, 폭 1cm 정도로 썰고, 당근은 4x1cm 정도로 편 썬다.
6. 팬이나 냄비에 양념한 복어와 양념을 모두 넣고, 조린다.
7. 국물이 어느 정도 졸아들면, 당근, 양파, 표고버섯 순으로 넣고, 마지막에 실파를 넣고 살짝 더 익혀 완성한다.

09 복어 튀김(からあげ)

지급 재료

복어살 100g, 전분 20g, 밀가루(박력분) 20g, 실파 1줄기, 파슬리 5g, 레몬 1/6개, 간장 20㎖, 청주 20㎖, 흰후춧가루 2g, 달걀 1개, 다시물 50㎖, A4용지(한지) 1장, 식용유 800㎖

조리 방법

1. 복어 살은 먹기 좋은 크기로 자른다.
2. 실파는 얇게 송송 썰어 놓는다.
3. 복어 살에 간장 1T, 청주 1T, 흰 후춧가루를 넣어 절인다.
4. 복어 살을 채에 받쳐 양념을 뺀다.
5. 복어 살에 밀가루 2T, 녹말가루 2T, 계란노른자 1/2개를 넣어 섞고, 다시물로 농도를 맞춘다.
6. 농도가 맞으면 실파를 넣어 섞는다.
7. 기름을 예열하여 복어를 넣고 튀겨낸다.
8. 접시에 튀김종이를 깔고 담고, 레몬, 파슬리 등을 곁들인다.

※ 가라아게(からあげ)는 어패류, 조류, 채소류 등에 밑간을 하고 겉면에 전분이나 밀가루 등을 입혀서 튀기기 때문에 재료의 감칠맛이 그대로 있고 바삭바삭하게 튀길 수 있다. 소금, 레몬 등을 곁들여 내면 좋다.

10 복어 술찜

지급 재료

복어(중) 1마리, 배추 150g, 미나리 2줄기, 팽이버섯 10g, 표고버섯 1개, 죽순 50g, 당근 50g, 두부 ½모, 대파 ½대, 무 100g, 실파 1대, 레몬 ½개, 다시마(10×10cm) 2장, 간장 30㎖, 식초 30㎖, 고춧가루 2g

조리 방법

1. 다시마를 이용하여 다시마 맛국물을 만든다.
2. 손질된 복어의 몸통을 2장뜨기하여, 4~5cm 크기로 자른다.
3. 자른 복어 살, 손질한 입, 갈비, 머리뼈 등을 흐르는 물에 담가 놓았다가 물기를 제거한다.
4. 두부는 3×4cm 정도로 잘라 두께 2cm 정도로 자른다.
5. 무는 은행잎 모양, 당근은 매화 모양으로 만들어 데치고, 대파는 어슷하게 썰고, 표고는 별모양을 낸다.
6. 죽순은 데쳐서 편 썰고, 팽이버섯은 밑동을 자른다.
7. 배추는 데쳐서 배추말이를 만들어 3등분 한다.
8. 미나리는 6cm 정도로 자른다.
9. 찜그릇에 다시마를 깔고 배추말이, 두부, 무, 대파, 죽순, 손질한 복어, 표고, 당근을 담고 다시마 맛국물 1T, 청주 1T, 소금 ⅓t를 넣고 김이 오른 찜통에 포일을 덮고 10~12분 정도를 찐 후 미나리와 팽이버섯을 넣고 2분간 더 쪄내어 완성한다.
10. 간장, 맛국물, 식초를 1T씩 넣어 폰즈를 만들고, 송송 썬 실파, 무를 갈아 고춧가루 물을 들인 무즙, 반달로 썬 레몬을 이용하여 야쿠미를 만들어 폰즈와 함께 낸다.

※ 찜은 무시모노(むしもの)라고 하며, 술찜은 사카무시(酒蒸し)라고 한다.

11 복어 수육

지급 재료

복어 1마리, 실파 2줄기, 미나리 1줄기, 콩나물 200g, 무 100g, 간장 20㎖, 소금 5g, 청주 20㎖, 식초 20㎖, 고춧가루 10g, 레몬 ½개, 건다시마(5×10cm) 1장

조리 방법

1. 다시마를 이용하여 다시마육수를 만든다.
2. 손질된 복어 몸통을 2장뜨기 또는 통으로 4~5cm 크기로 자른다.
3. 복어 살은 물에 담가두었다가 핏기 등을 빼고 수분을 제거하여 준비한다.
4. 미나리, 실파는 길이 10cm 길이로 썰어 준비하고, 콩나물은 꼬리를 제거한다.
5. 폰즈와 야쿠미를 만들어놓는다.
6. 찜 그릇에 콩나물을 깔고, 그 위에 수육용 복어를 올리고, 청주와 소금으로 간을 한 후 김이 오른 찜통에 12분간 찐다.
7. 복어와 콩나물을 12분 정도 찐 후 미나리와 실파를 넣고 2분 정도 뜸을 들인다.
8. 폰즈와 야쿠미를 곁들여 낸다.

12 복어 쥠 초밥(にぎり寿司)

지급 재료

복어살 100g, 쌀 100g, 청차조기잎(시소) 1장, 생강 30g, 고추냉이 20g, 식초 70㎖, 백설탕 50g, 소금 20g, 진간장 20ml

조리 방법

1. 쌀 1컵에 물 1컵, 청주 1T를 넣고 밥을 짓는다.
2. 식초 3T, 설탕 2T, 소금 1t를 넣고 데워, 배합초를 만들어 밥알이 으깨지지 않도록 조심하여 밥과 섞어준다.
3. 생강은 편으로 썰어 데쳐서 찬물에 헹구어 배합초에 담가놓는다.
4. 청차조기잎은 찬물에 담가놓고, 와사비분일 경우 찬물에 개어놓는다.
5. 복어살은 두께 3~4mm, 폭 3cm, 길이 7~8cm 정도로 포를 뜬다.
6. 물을 손에 고루 바르고, 오른손으로 초밥용 밥을 쥐면서 왼손에는 복어살을 동시에 쥐고 오른손 집게손가락에 고추냉이를 바른 뒤 복어살 중앙 약간 위쪽에 바른다. 그리고 초밥용 밥을 고추냉이 위에 올려놓고 초밥용 밥을 손돌리기 기술로 가볍게 쥔다.
7. 초밥을 접시에 담고, 반복해서 만든다.
8 청차조기잎과 생강초절임, 간장을 곁들여 낸다.

※ 초밥을 지을 때는 쌀을 씻어 체에 밭쳐 놓는다. 여름에는 30분, 가을에는 45분, 겨울에는 1시간 정도 밭쳐 놓는다.

13 복어 군함 초밥(ぐんかんまき)

지급 재료

복어살 100g, 쌀 100g, 청차조기잎(시소) 1장, 생강 30g, 고추냉이 20g, 식초 70㎖, 백설탕 50g, 소금 20g, 진간장 20ml, 김 1장

조리 방법

1. 쌀 1컵에 물 1컵, 청주 1T를 넣고 밥을 짓는다.
2. 식초 3T, 설탕 2T, 소금 1t를 넣고 데워, 배합초를 만들어 밥알이 으깨지지 않도록 조심하여 밥과 섞어준다.
3. 생강은 편으로 썰어 데쳐서 찬물에 헹구어 배합초에 담가놓는다.
4. 청차조기잎은 찬물에 담가놓고, 와사비분일 경우 찬물에 개어놓는다.
5. 복어살은 잘게 잘라놓는다.
6. 김은 폭 3cm 정도가 되도록 자른다.
7. 초밥용 밥은 20g 정도 쥐고 가볍게 손 돌리기를 하여 모양을 잡은 다음 자른 김을 둘러 고정시킨다. 그리고 군함 말이 위에 와사비를 약간 바르고 그 위에 잘게 썬 복어살을 올리고, 고명으로 실파, 모미지오로시 등을 올려 완성한다.
8. 청차조기잎과 생강초절임, 간장을 곁들여 낸다.

※ 한기리(초밥 만드는 통)에 뜨거운 밥을 옮겨 담고 밥 무게의 1/10의 배합초를 뿌리고 밥알이 깨지지 않도록 나무 주걱으로 살살 옆으로 자르듯이 섞고 한 번씩 밑과 위를 뒤집어 주면서 배합초가 골고루 섞이도록 한다.

14 복어 말이 초밥(ほそまき)

지급 재료

복어살 50g, 쌀 100g, 청차조기잎(시소) 1장, 실파 1줄기, 무 100g, 고운고춧가루 20g, 생강 30g, 고추냉이 20g, 식초 70㎖, 백설탕 50g, 소금 20g, 진간장 20g, 김 1장

조리 방법

1. 쌀 1컵에 물 1컵, 청주 1T를 넣고 밥을 짓는다.
2. 식초 3T, 설탕 2T, 소금 1t를 넣고 데워, 배합초를 만들어 밥알이 으깨지지 않도록 조심하여 밥과 섞어준다.
3. 생강은 편으로 썰어 데쳐서 찬물에 헹구어 배합초에 담가놓는다.
4. 청차조기잎은 찬물에 담가놓고, 와사비분일 경우 찬물에 개어놓는다.
5. 무를 강판에 갈아 물에 헹구어 고운고춧가루를 섞어 빨간 무즙을 만들어놓는다.
6. 실파는 송송 썰어 찬물에 헹구어 물기를 제거한다.
7. 복어살은 곱게 채썰어준다.
8. 김은 ½로 자른다.
9. 김발에 김을 놓고 초밥을 얇게 바른다.
10. 밥의 중앙에 고추냉이를 바르고, 실파와 빨간 무즙을 길게 놓고 채 썬 복어살을 가운데에 길게 늘어서 올린다.
11. 김을 사각형으로 각지도록 말아, 2개를 만든다.
12. 6등분으로 잘라 접시에 담고, 청차조기잎과 생강초절임을 곁들이고 간장과 함께 낸다.

15 구슬 초밥(手まり寿司)

지급 재료

복어살 100g, 쌀 100g, 단호박 50g, 연근 50g, 표고버섯 1개, 래디시 1개, 오이 ½ 개, 가지 ½개, 미니양배추 1개, 빨간 파프리카 ¼개, 미나리 1줄기, 청차조기잎(시소) 1장, 생강 30g, 고추냉이 20g, 식초 70㎖, 백설탕 50g, 소금 20g, 진간장 20g, 다시마(5×10cm) 1장, 가쓰오부시 10g, 맛술 20㎖

조리 방법

1. 쌀 1컵에 물 1컵, 청주 1T를 넣고 밥을 짓는다.
2. 식초 3T, 설탕 2T, 소금 1t를 넣고 데워, 배합초를 만들어 밥알이 으깨지지 않도록 조심하여 밥과 섞어준다.
3. 생강은 편으로 썰어 데쳐서 찬물에 헹구어 배합초에 담가놓는다.
4. 청차조기잎은 찬물에 담가놓고, 와사비분일 경우 찬물에 개어놓는다.
5. 구슬초밥용 채소를 준비한다.
   ① 단호박은 씨를 긁어내고 얇게 편 썰어 소금물에 데쳐, 찬물에 식혀 물기를 제거한다.
   ② 연근은 껍질을 제거하고 얇게 썰어 소금물에 데쳐, 찬물에 식혀 물기를 제거한다.
   ③ 표고버섯은 별 모양으로 칼집을 내고 소금물에 데쳐, 찬물에 식혀 물기를 제거한다.
   ④ 래디시와 오이는 얇게 썰어 소금물에 살짝 절여놓았다가, 물기를 제거한다.
   ⑤ 가지는 작게 잘라 칼집을 내어 소금물에 데쳐, 찬물에 식혀 물기를 제거한다.
   ⑥ 미나리는 줄기만 소금물에 데쳐, 찬물에 식혀 물기를 제거한다.

⑦ 미니양배추는 잎을 하나씩 뜯어 소금물에 데쳐, 찬물에 식혀 물기를 제거한다.

⑧ 파프리카는 직화로 껍질을 태워 랩으로 싸놓았다가, 찬물에 씻어 물기를 제거하고 4cm 정도 길이로 채썬다.

6. 물 1컵에 간장 · 맛술 1T씩을 넣고, 다시마를 넣고 은근한 불에 끓여주다가, 끓기 직전 다시마를 건져내고 가쓰오부시를 넣고 10분간 우려낸 후 걸러 채소 절임용소스(츠케지)를 만들어놓는다.
7. 소금물에 절여진 래디시와 오이를 제외한 모든 채소를 츠케지(つけじ)에 절인다.
8. 채소가 절여지면 물기를 제거한다.
9. 복어살은 초밥용으로 넓게 포를 뜬다.
10. 면포를 적셔서 가볍게 짜준다.
11. 밥을 집어 면포로 싸서 모양을 둥글게 잡는다.
12. 둥글게 만든 초밥에 와사비를 묻히고 복어살을 올려준다.
13. 준비된 채소를 올리고, 다시 면포로 싸서 모양을 잡아준다.
14. 초밥을 접시에 담고, 반복해서 만든다.
15. 청차조기잎과 생강초절임, 간장을 곁들여 낸다.

※ 구슬 초밥(手まり寿司) : 테마리(手まり)는 손으로 치면서 놀 수 있는 공을 뜻하며, 테마리즈시(手まり寿司)는 말 뜻 그대로 동그란 구슬 모양의 초밥으로 작지만 화려한 초밥이다. 일본의 유흥주점 등에서 게이샤들의 입술 화장에 닿지 않게 한입에 들어가도록 작게 만든 초밥이라고도 한다.

16 복죽(오카유)

지급 재료

복어살 50g, 밥 1공기, 달걀 1개, 참나물(미쓰바) 2줄기, 김 ½장, 실파 1줄기, 다시마(5x10cm) 1장, 국간장 5ml, 소금 5g, 참기름 10㎖, 깨 5g

조리 방법

1. 다시마를 이용하여 다시마 맛국물을 만들어놓는다.
2. 복어살은 채 썰고, 참나물(미쓰바) 줄기는 끓는 물에 데친 후 찬물에 헹구어 1cm 길이로 썬다.
3. 김은 살짝 구어 채 썰고, 실파는 송송 썰어 찬물에 헹구어 수분을 제거한다.
4. 냄비에 다시마 맛국물을 붓고, 밥을 넣고 밥알을 으깨가며 끓이다가 채 썬 복어살을 넣고 끓여준다.
5. 거품을 걷어가며 끓이다가 국간장, 소금으로 간하고 달걀을 풀어 농도가 나오면 참나물, 깨, 참기름을 넣는다.
6. 복죽(오카유)을 그릇에 담고, 채 썬 김, 송송 썬 실파를 올린다.

※ 오카유(粥:おかゆ) : 불린 쌀이나 밥으로 만들 수 있다. 불린 쌀을 사용할 경우 쌀을 반만 갈아서 맛국물을 넉넉히 넣고 끓인다. 밥을 이용할 경우는 밥에 물을 넣고 밥알을 국자로 으깨어 가면서 끓인다. 오카유는 밥알의 형체가 없는 일반적인 죽이다.

17 복죽(조우스이)

지급 재료

복어살 50g, 복어뼈 2~3토막, 다시마(5x10cm) 1장, 밥 1공기, 달걀 1개, 실파 1줄, 생표고버섯 1개, 당근 30g, 김 ½장, 소금 10g

조리 방법

1. 찬물에 다시마와 손질한 복어 뼈를 넣고 은근히 끓이다가, 끓기 직전에 다시마를 건진 후 거품을 걷어가며 끓여주다가 청주를 넣고 잠깐 더 끓여 면포에 걸러 준비한다.
2. 밥은 체에 밭쳐 흐르는 물에 씻어 전분기를 빼준다.
3. 실파는 송송 썰어 물에 헹구어놓고, 김은 살짝 구워 곱게 채(하리노리)를 썰고, 표고버섯과 당근은 잘게 썰고, 복어살은 채 썰거나 다진다.
4. 냄비에 뼈 국물과 씻은 밥을 넣고 끓이다가, 당근, 표고버섯을 넣고, 복어살을 넣고 끓이면서, 국간장과 소금으로 간을 하고, 마지막에 달걀을 풀어 섞어주고, 송송 썬 실파를 섞어 완성한다.
5. 완성된 죽을 그릇에 담고 채 썬 김을 올려준다.

※ 조우스이(雑炊 : ぞうすい) : 밥을 씻어 해물이나 야채를 넣어 다시로 끓인 것으로, 쌀을 절약하려는 목적에서 시작되었으나 후에 여러 가지 재료를 넣어 만들게 되었다. 밥알의 형체가 남아 있는 죽으로, 재료에 따라서 야채죽, 전복죽, 굴죽, 버섯죽, 알죽 등 다양하게 만들 수 있다.

18 복어 맑은탕

지급 재료

복어 1마리, 배추 150g, 미나리 2줄기, 팽이버섯 10g, 표고버섯 1개, 당근 50g, 두부 50g, 대파 ½대, 무 100g, 가래떡(4cm) 1토막, 실파 1줄기, 레몬 ½개, 간장 20㎖, 식초 20㎖, 고춧가루 2g, 다시마(5×10cm) 1장

조리 방법

1. 다시마를 이용하여 다시마육수를 만든다.
2. 복어의 입, 갈비, 머리뼈는 손질하고, 몸통은 절단하여, 함께 흐르는 물에 담가놓는다.
3. 두부는 두께 2cm 정도로 3×4cm 크기로 자른다.
4. 무는 은행잎 모양, 당근은 매화 모양으로 만들어 데쳐놓고, 대파는 어슷하게 썰고,
표고는 별 모양을 내어준다.
5. 팽이버섯은 밑동을 잘라준다.
6. 배추는 데쳐서 배추말이를 만들어 3등분 해준다.
7. 미나리는 6cm 정도로 자른다.
8. 떡은 구워서 물에 씻어놓는다(찹쌀떡은 전분을 묻혀서 굽고, 찬물에 씻어 찬물에 담가 형태가 유지되도록 한다.).
9. 간장, 다시물, 식초를 1T씩 넣어 폰즈를 만들고, 송송 썬 실파, 무를 갈아 고춧가루물을 들인 무즙, 반달로 썬 레몬을 이용하여 폰즈와 야쿠미를 만든다.
10. 배추말이, 무, 당근, 표고, 대파, 두부와 손질한 복어를 냄비에 넣고, 다시마육수를 넣고 끓이다가 소금, 청주로 간을 하고, 거품을 제거하면서 끓인다.
11. 국물이 맑아지면, 구운 떡, 미나리, 팽이버섯을 넣고 잠깐 더 끓여 폰즈와 야쿠미를 곁들여 낸다.

* 맑은탕 : 맑은탕은 지리나베(ちり鍋)를 우리말로 표현한 것으로 흰살생선을 손질하여 버섯, 당근, 미나리, 두부, 무, 배추 등의 부재료와 함께 냄비에 끓여서 폰즈소스에 찍어 먹는 일본식 국물조리이다.
* 조우스이(ぞうすい) : 복어 맑은탕을 먹고 남은 국물에 밥을 넣고 죽을 끓이기도 하는데, 이 죽을 조우스이라고 한다.

19 복어 샤브샤브

지급 재료

복어 1마리, 배추 150g, 미나리 2줄기, 팽이버섯 10g, 쑥갓 10g, 표고버섯 1개, 당근 50g, 두부 50g, 대파 ½대, 무 100g, 가래떡(4cm) 1토막, 우동면 100g, 실파 1줄기, 레몬 ½개, 간장 20㎖, 식초 20㎖, 고춧가루 2g, 다시마(5×10cm) 1장

조리 방법

1. 복어를 손질하여, 복어 뼈, 다시마를 이용하여 복어 뼈 국물을 만들고, 살은 횟감용으로 손질하여 면포에 싸 숙성시킨다.
2. 두부는 두께 2cm 정도로 3×4cm 크기로 자른다.
3. 무는 은행잎 모양, 당근은 매화 모양으로 만들어 데쳐놓고, 대파는 어슷하게 썰고, 표고는 별 모양을 내어준다.
4. 팽이버섯은 밑동을 잘라 놓고, 쑥갓은 6~7cm 정도로 잎만 뜯어 물에 담가놓는다.
5. 배추는 데쳐서 배추말이를 만들어 3등분 해준다.
6. 미나리는 6cm 정도로 자른다.
7. 떡은 구워서 물에 씻어놓는다(찹쌀떡은 전분을 묻혀서 굽고, 찬물에 씻어 찬물에 담가 형태가 유지되도록 한다.).
8. 우동면은 삶아 놓는다.
9. 간장, 다시물, 식초를 1T씩 넣어 폰즈를 만들고, 송송 썬 실파, 무를 갈아 고춧가루 물을 들인 무즙, 반달로 썬 레몬을 이용하여 폰즈와 야쿠미를 만든다.

10. 배추말이, 무, 당근, 표고, 대파, 두부, 팽이버섯, 떡, 미나리, 쑥갓, 우동면을 접시에 담아 놓는다.
11. 복어살은 포를 떠 접시에 담는다.
12. 복어살을 담은 접시, 야채를 담은 접시, 복어 뼈 국물, 폰즈, 야쿠미를 같이 낸다.

※ 복어 샤브샤브 먹는 방법

① 복어 뼈 국물이 끓으면 먼저 단단한 채소류(배추, 대파, 표고버섯, 당근, 무. 두부)를 넣고, 부드러운 채소(복떡, 팽이버섯, 쑥갓, 미나리)를 넣는다.

② 폰즈에 야쿠미에 있는 실파, 무즙을 적당히 넣고, 레몬즙도 짜 넣는다.

③ 복어 살을 살짝 데친 후 채소와 같이 폰즈 소스에 찍어 먹는다.

④ 남은 국물에 삶은 우동을 넣고, 달걀을 풀어 넣는다.

20 복어 센베이(せんべい)

지급 재료

복어살 100g, 전분 50g, 레몬 1/6개, 꽈리고추 1개, 소금 5g, A4용지(한지) 1장, 식용유 800㎖

조리 방법

1 복어살은 두툼하게 포를 뜬다.
2 복어살에 전분가루를 묻혀 밀대로 얇게 밀어 편다.
3 복어살을 튀기고, 꽈리고추는 살짝 튀긴다.
4 복어살이 바삭하게 튀겨지면 소금을 살짝 뿌려 간을 한다.
5 한지나 A4용지를 모양 있게 접는다.
6 접시에 A4용지(한지)를 깔고 튀김을 올리고, 꽈리고추와 레몬을 곁들인다.

21 복어 타다키(たたき)

지급 재료

복어살 100g, 미나리 1줄기, 실파 1줄기, 복어껍질, 레몬 ¼개, 간장 20mℓ, 식초 20mℓ, 1번다시 20mℓ, 무 50g, 고운고춧가루 10g

조리 방법

1. 손질된 복어살에 쇠꼬챙이를 꽂아 강한 불에 직화로 구워준다.
2. 복어살 겉 부분이 연한 갈색이 나도록 익으면, 재빨리 얼음물에 식혀 속이 익지 않도록 한다.
3. 표면을 구운 복어살을 얇게 포를 떠 접시에 담고, 미나리, 복어껍질 등을 곁들이고, 폰즈, 야쿠미를 만들어 함께 낸다.

Break Time

※ 모미지오로시(もみじおろし) 만드는 방법

모미지(紅葉:もみじ)는 단풍(丹楓)을 뜻하고, 아카(赤:あか)는 빨간(적)을 뜻한다.

① 무에 송곳 등으로 구멍을 여러 개 내고 그 구멍에 채 썬 붉은 고추(또는 건고추)를 밀어 넣어, 강판에 갈면 무와 붉은 고추가 섞여 빨간 무즙이 된다.
② 무즙에 고운 고춧가루를 잘 섞으면 아카오로시가 된다.
③ 붉은 고추를 씨를 제거하고 블렌더에 갈아 면포에 거른 고춧물을 무즙과 섞으면 아카오로시가 된다.
④ 고춧가루를 물에 불려 면포로 짜서 거른 고춧물을 무즙과 버무려 아카오로시를 만들 수 있다.

일식조리 용어

가라아게(からあげ) : 밀가루나 전분 등을 이용하여 튀긴 요리
- 가쓰오부시(かつおぶし) : 가다랑어의 살을 찌고 건조시켜 얇게 썬 포
- 겡(けん) : 가늘게 썬 무, 당근, 오이 등 주로 무를 가늘게 썰어 회접시에 담아준다.
- 고로모아게(ころもあげ) : 튀김옷을 만들어 재료에 입혀 튀기는 요리
- 곤부다시(こんぶだし) : 다시마를 이용해 만든 맛국물

나가시깡(ながしかん) : 니코고리 등의 굳힘요리를 굳힐 때 사용하는 틀
- 나베모노(なべもの) : 냄비요리
- 니모노(にもの) : 양념장에 졸여서 만든 요리
- 니코고리(にこごり) : 생선의 뼈, 껍질 등을 조려 굳혀서 만드는 요리

다래(たれ) : 간장, 청주, 맛술 등을 섞어 만든 소스, 데리야끼
- 다이콩(だいこん) : 무
- 다이콘오로시(だいこんおろし) : 강판에 무를 갈아서 만든 무즙
- 다테지오(たてじお) : 바닷물 정도의 소금농도의 물, 냉동복어살 등을 잠깐 담가놓을 때 사용
- 데바보쵸(でばぼうちょう) : 날이 두껍고 폭이 넓은 칼, 생선뼈 등을 자를 때 사용
- 덴쯔유(てんつゆ) : 튀김을 찍어먹는 소스
- 돈부리(どんぶり) : 소고기덮밥, 장어덮밥 등의 덮밥

무시모노(むしもの) : 찜요리

사라모리(さらもり) : 야채, 생선 등을 접시에 담은 것
- 산마이오로시(さんまいおろし) : 생선 3장뜨기

아게모노(あげもの) : 튀김요리
- 아라(あら) : 생선을 요리한 뒤 뼈에 붙은 살
- 아라이(あらい) : 생선살을 찬물이나 얼음물에 씻어내는 것
- 아에모노(あえもの) : 무침요리
- 야끼모노(やきもの) : 구이요리
- 야나기보쵸(やなぎぼうちょう) : 버드나무처럼 가늘고 긴 생선회칼, 사시미보쵸
- 엔가와(えんがわ) : 생선의 지느러미살, 주로 광어의 지느러미살
- 오로시(おろし) : 무나 야채를 강판에 갈은 것, 회를 뜨기 위해 살과 뼈를 분리하는 작업
- 오카유(おかゆ) : 밥을 으깨듯이 끓여 농도가 있는 일본식죽
- 오토시부타(おとしぶた) : 조림요리 등을 할 때 냄비 속에 들어가도록 만든 뚜껑
- 우로코히키(うろこひき) : 생선의 비늘을 제거하는 도구
- 우스바보쵸(うすばぼうちょう) : 일식 야채칼
- 우스쯔꾸리(うすつくり) : 생선회를 얇게 저며 만드는 것
- 유비끼(ゆびき) : 끓는물에 살짝 데쳐내는 것
- 유안야끼(ゆあんやき) : 간장, 청주, 맛술, 유자를 넣어 만든 유안지에 절여놓았다가 굽는 요리
- 이케지메(いけじめ) : 활어의 머리 윗부분을 칼로 찔러 뇌사시켜 작업하는 방법

자완무시(ちゃわんむし) : 달걀찜
- 조우스이(ぞうすい) : 어패류, 채소를 잘게 썰어넣고 농도가 나지 않게 끓이는 죽
- 지리(ちり) : 생선, 두부, 야채 등을 넣고 끓여 폰즈소스에 찍어먹는 요리

타다끼(たたき) : 소고기, 참치 등을 속이 익지 않도록 표면만 구워서 만드는 회

폰즈(ポンず) : 간장, 식초, 다시물을 넣어 만드는 소스

하리노리(はりのり) : 바늘처럼 얇게 썬 김
- 하리쇼가(はりしょが) : 바늘처럼 얇게 썬 생강
- 한기리(はんきり) : 초밥을 만들 때 밥과 배합초를 섞어놓는 통
- 호네누끼(ほねぬき) : 생선가시를 뺄 때 쓰는 기구

참고 문헌

- "복어 품종판별 안내서", 식품의약품안전처 · 부산지방식품의약품안전청, 2019.
- 전중균, "복어는 복어독을 만들지 않는다", 지성사, 2019.
- 한경호 외 6명, "복어類 검색 도감", 식품의약품안전처 · 전남대학교, 2017.
- ふぐ大学 著者 北濱喜一 発行所 保育社 昭和59年(1985)

A visual Guide to

Puffer fish Cuisine

눈으로 보는 복어 조리

2024년 2월 15일 초판 인쇄
2024년 2월 20일 초판 발행

저 자 전현근 · 윤옥희

발행인 주병오 · 주민기

발행처 ㈜지구문화
JIGU CULTURE Co.Ltd

경기도 파주시 회동길 209
파주출판문화도시

마케팅팀 (031) 955-7566 · 7577
편집디자인팀 (031) 955-7731
FAX (031) 955-7730

독자의견 전화 (031) 955-7577
홈페이지 www.ji-gu.co.kr
이메일 jigupub@daum.net
등록번호 1979년 7월 13일 제 9-57호

ISBN 978-89-7006-349-2

값 24,000원